Lavoir
Mas de Jarlan
(Vidaillac)

Le guide de l'auto-édition, papier et numérique

Du même auteur*

Certaines œuvres sont connues sous différents titres.

Romans

La Faute à Souchon : (Le roman du show-biz et de la sagesse)
Quand les familles sans toit sont entrées dans les maisons fermées
Liberté j'ignorais tant de Toi (Libertés d'avant l'an 2000)
Viré, viré, viré, même viré du Rmi !
Ils ne sont pas intervenus (Peut-être un roman autobiographique)

Théâtre

Neuf femmes et la star
Les secrets de maître Pierre, notaire de campagne
Ça magouille aux assurances
Chanteur, écrivain : même cirque
Deux sœurs et un contrôle fiscal
Amour, sud et chansons
Pourquoi est-il venu :
Aventures d'écrivains régionaux
Avant les élections présidentielles
Scènes de campagne, scènes du Quercy
Blaise Pascal serait webmaster
Trois femmes et un Amour
J'avais 25 ans
 « Révélations » sur « les apparitions d'Astaffort » Jacques Brel Francis Cabrel

Théâtre pour troupes d'enfants

La fille aux 200 doudous
Les filles en profitent
Révélations sur la disparition du père Noël
Le lion l'autruche et le renard,
Mertilou prépare l'été
Nous n'irons plus au restaurant

* extrait du catalogue, voir page 231

Stéphane Ternoise

Le guide de l'auto-édition, papier et numérique

Table page 239

Sortie : 13 novembre 2013

Jean-Luc PETIT Editeur - collection documents

Stéphane Ternoise versant auto-édition :

http://www.auto-edition.com

Tout simplement et logiquement !

Tous droits de traduction, de reproduction, d'utilisation, d'interprétation et d'adaptation réservés pour tous pays, pour toutes planètes, pour tous univers.

Site officiel : http://www.ecrivain.pro

© Jean-Luc PETIT - BP 17 - 46800 Montcuq – France

Stéphane Ternoise

Le guide de l'auto-édition, papier et numérique

Des livres en papier, en impression de masse (offset à partir de 1000 exemplaires, numérique en-dessous, 200 semblant un minimum) et à la demande (avec un véritable réseau de distribution, donc l'utilisation de Createspace / Amazon).

Des livres numériques, distribués sur le plus possible de points de vente. Plutôt que la simple proposition sur quelques plateformes prétendues d'auto-édition.

Faut-il payer pour être disponible sur un site, dans un réseau de distribution ? Non ! Les vendeurs, les distributeurs, se payent via une commission, il convient de se détourner de ceux qui réclament un forfait pour mettre en ligne !

Et il est impératif d'être en règle avec la législation en vigueur. Tout en dénonçant des lois anti-indépendants : droit de prêt en bibliothèque, partage de la manne de la copie privée et des pratiques intolérables (politique du Centre National du Livre, des Centres Régionaux des Lettres...)

Quant à la médiatisation, il faut savoir que les journalistes les plus influents préfèrent défendre des livres publiés par les éditeurs traditionnels (où ils font éditer leurs textes le plus souvent !)

Au sujet du livre en papier, il convient également d'observer les 25 000 points de vente ("honorables librairies" ?) du territoire français, inaccessibles aux vrais indépendants par choix politique...

L'auto-édition, est-ce pour vous ? Vingt ans d'expérience, avec un virage numérique aux premières heures (création http://www.auto-edition.com en l'an 2000, livres numériques depuis 2004)

Naturellement, vous attendez des conseils en promotion. Il faut bien vendre ! Mais aucune solution miracle ne vous sera apportée...

Il n'aurait pas été possible d'écrire ce livre en 2011 : la vente des livres numériques débutait, en France.
Il aurait été trop tôt en 2012, quand Amazon commença à tirer le marché de l'ebook et ouvrir celui du papier en nous proposant Createspace.
En 2013, il me fallut d'abord vivre l'expérience globale de la distribution maximale numérique et papier (utopique d'espérer l'ouverture aux 25000 points de vente du livre en France aux indépendants).
Ainsi, la situation actuelle semble stable pour "un certain laps de temps"... Espérons néanmoins pouvoir la faire bouger...

Un peu la somme de nombreuses publications sur le sujet...

Stéphane Ternoise
http://www.ecrivain.pro

A - Informations "de base"

I) Protéger une œuvre

Résumé de la législation : le droit d'auteur est exclusif, seul l'auteur en dispose. Dès sa création, sans la moindre formalité à remplir, l'œuvre appartient à l'auteur. Mais en cas de copie, sans protection, il lui sera difficile d'en prouver la paternité.

Il convient donc de protéger vos textes (avant l'envoi à un éditeur, à une "sommité" ou même à un imprimeur), chez un huissier, un notaire ou une société d'auteurs.

La société d'auteurs la plus connue est :

Société des Gens de Lettres, SGDL
Téléphone : 01 53 10 12 00
Fax : 01 53 10 12 12

38 rue du Faubourg Saint Jacques
75 014 Paris

Ce dépôt est valable 4 ans et sera renouvelable pour une même période moyennant le paiement d'un nouveau droit.

Pour déposer une œuvre :

Envoyer, en recommandé, une enveloppe.
Dans cette enveloppe :

- un chèque de 241,20 francs en 1998, 260 francs en 2002, 40 euros plus tard, 45 euros TTC en 2012, à l'ordre de la SGDL
- une enveloppe fermée par un cachet de cire et contenant l'œuvre.

Sur cette enveloppe écrire :
- Nom, prénom et adresse de (ou des) auteur(s),
- le titre de l'œuvre
- la première et la dernière ligne de l'œuvre

Attention : passé 4 ans, il faut REPAYER ou TOUT est détruit...
DONC, déjà en 1998, je notais : À QUOI BON PAYER !!!...
La SGDL montre tellement peu de considération pour l'auto-édition, inutile de l'enrichir...
En 2012, la SGDL peut présenter de beaux graphiques pour démontrer que le coût du dépôt de 4 ans n'a pas suivi l'inflation... mais l'offre est devenue totalement insignifiante.

S'envoyer en recommandé - bien scotcher pour démontrer l'impossibilité d'ouverture - avec à l'intérieur une œuvre, n'a pas de VALEUR LEGALE mais s'avère UN INDICE DE PREUVE (dans le domaine CHANSON, la SACEM préconise d'ailleurs ce système...)
La meilleure preuve étant le DEPOT LEGAL : après édition.

Heureusement, il n'est plus nécessaire de débourser une somme considérable pour déposer chez un huissier son manuscrit. Pour moins de dix euros de nombreux sites Internet permettent cette protection. Il suffit de saisir « protection copyright » sur un moteur de recherche pour obtenir des réponses idoines et des liens commerciaux.
J'utilise http://www.copyrightfrance.com

Mon dernier achat fut un pack de 10 dépôts pour 69 euros TTC (soit 5,77 euros HT pour un dépôt, soit moins qu'un auto-envoi postal en Lettre Recommandée du manuscrit, qui risque toujours de s'égarer et ne pourrait servir qu'une fois devant un tribunal).

Un dépôt doit permettre : l'envoi des documents à un Huissier de Justice (les coordonnées de l'Huissier seront communiquées mais la publicité pour ce professionnel est interdite) qui les conservera durant trente ans ; une protection légale à vie + 70 ans (Code de la Propriété Intellectuelle) dans 164 pays (ceux de la convention de Berne), un certificat de dépôt, un constat d'Huissier gratuit en cas de procès.

Précision : contrairement au dépôt légal à la BNF du livre papier, le prétendu dépôt légal des ebooks à la BNF ne constitue pas une protection totale contre le plagiat.

Précision 2 : Le titre d'un livre : il peut également être protégé à la Société des Gens de Lettres. Le catalogue des titres utilisés se trouve à la Bibliothèque Nationale.

II) L'édition d'une œuvre écrite : trouver un éditeur ou être éditeur

1) Un éditeur "classique"

Signer un contrat d'édition avec un éditeur qui en contrepartie versera des droits d'auteur.
Une centaine d'auteurs en France touchent des droits d'auteur annuel supérieurs au smic !

Combien d'auteurs ne touchent jamais de droits d'auteurs ? Parce qu'il y a « parfois » des problèmes...

2) Le compte d'auteur

Une société vous fait payer la publication... et « parfois » le maximum de services annexes...

Ce qui est le plus souvent facturé : correction manuscrit (le résultat est souvent risible), composition, impression, formalités déclaration légale, distribution, promotion, gestion des commandes, facturation, livraison d'exemplaires...

Un éditeur digne de ce nom doit prendre des risques sur un auteur, donc une société qui réclame de l'argent pour éditer un texte, qu'elle glorifie qui plus est, ne doit jamais être considérée par un auteur comme un éditeur digne de le publier.
TOUT CONTRAT PARTICIPATIF EST À REJETER

Quelques messages reçus sur le sujet par http://www.auto-edition.com :
- cette participation s'élèverait approximativement à 2000 euros...
- ...d'éditer le manuscrit de ma fille 11 ans ils m'ont demandé une participation au frais d'édition.
- la directrice qui lui propose un contrat demande une participation financière aux frais d'éditions.

- C'est un premier roman et cette participation est demandée pour toute la relecture, mise en page, pub démarchage etc. et une impression à 1000 exemplaires. Elle consiste en l'achat de 150 exemplaires. La maison a l'air sérieuse et était en son temps plutôt bien vue par le CARCLE. Qu'en pensez-vous ?

http://www.auto-edition.com n'a jamais caché son opposition au compte d'auteur. Le 26 juin 2007, j'ai été assigné au Tribunal de Grande Instance de Paris, par une société, Publibook, pratiquant le compte d'auteur.
Si les raisons et le dénouement vous intéressent :
http://www.auto-edition.com/27juin2007assignation.html

3) L'auto-édition

Faire soi-même. Etre son propre éditeur.

En nom propre, en bénéficiant de "la brèche juridique" (voir fiscalité - rubrique après publication) ou en association (ce n'est normalement pas le but de la structure associative mais, comme dans le domaine musical, la pratique est entrée dans les mœurs).

En 2012, la possibilité des ebooks n'est pas d'un autre ordre. Elle permet simplement d'économiser les frais d'imprimeurs et vendre à tarif très bas. Elle permet d'être présent sans les points de vente les plus fréquentés, ce qui n'a jamais été possible avec l'auto-édition en papier dans un pays où des distributeurs contrôlent les 25000 "librairies."

III) Pourquoi être aussi éditeur ?

1) L'envoi aux éditeurs classiques (grands, moyens et petits) s'est soldé par des refus

Il convient alors de se poser des questions essentielles avant d'opter pour l'auto-édition :

- Les éditeurs contactés correspondaient-ils à l'œuvre ?

- Faut-il continuer la recherche d'un éditeur ?

- Faut-il réécrire l'œuvre ?

- L'œuvre ainsi achevée mérite-t-elle d'être publiée ?

Même si l'idée dérange l'ego : il faut souvent réécrire un texte refusé par l'ensemble des éditeurs ; comme dans toutes les règles, il existe des exceptions...

2) Après l'envoi aux grandes maisons d'édition et leur refus, faut-il passer par un petit éditeur ?

Il ne fait pas bon être petit éditeur de nos jours ! Les médias ont peu de considération pour eux. Les libraires préfèrent travailler avec des éditeurs qui assurent du chiffre, des ventes rapides.

Donc à quoi bon avoir un petit éditeur ? À être édité, à être dans le monde de l'édition. Pour l'honneur ! Souvent pour entrer dans le monde de l'édition. Mais pas en vivre... Avoir un petit éditeur, c'est être obligé de conserver une activé annexe.

En cas d'activité annexe, cette voie peut être préférable à une autoédition à laquelle l'auteur n'aura pas le temps d'accorder un temps suffisant pour effectuer la promotion.

Attention : les "petits éditeurs" font souvent... faillite... mais cela peut servir... à OBTENIR une bourse d'un CENTRE REGIONAL

DES LETTRES !... alors qu'en auto-édition, pour ces gens-là, vous n'existez pas (en tout cas en région Midi Pyrénées de Martin Malvy)

En 2012... également envoyer ses manuscrits à un éditeur 100% numérique ? Je ne soutiens pas les éditeurs 100% numériques. Comme les auteurs indépendants, ils ont des difficultés à obtenir du média. Est-ce la conséquence de critères de sélection peu relevés ? J'ai trop peu lu d'ebooks sortis de ces maisons pour me prononcer mais je constate que les auteurs passés par cette filière ne semblent pas truster les premières places de meilleures ventes des boutiques numériques. Les inconvénients sont aussi ceux des éditeurs classiques : l'éditeur fixe le prix de vente et le taux des droits d'auteurs n'est pas toujours signalé sur les sites...

3) Le refus de l'édition classique.

Les droits d'auteur se négocient traditionnellement de 8 à 12%. Alors que l'auto-édition, dès quelques centaines d'exemplaires vendus devient RENTABLE.

Etre son propre éditeur permet de vendre sans intermédiaire. Cette démarche se rencontre plus souvent dans la musique mais comme dans la musique, pour en vivre (et non pour se faire plaisir en sortant un bouquin de temps en temps tout en ayant des revenus annexes) il faut DU TEMPS et du SERIEUX.

La liberté, l'absence de contrôle rédactionnel, a son revers : absence de "relectures" (attention aux fautes ; les services d'une correctrice sont conseillés), absence de réseau de distribution (c'est souvent le cas aussi chez les petits éditeurs), un a priori défavorable chez les journalistes et lecteurs.

MAIS C'EST AUSSI : UN CHOIX DE VIE.

L'édition numérique peut permettre à un auteur indépendant de bénéficier d'un réseau de diffusion. Je suis ainsi distribué par http://www.immateriel.fr

IV) La composition d'un livre

En 1998, il était encore nécessaire de préciser : passer par un atelier de composition coûte très cher. Alors que le matériel informatique nécessaire à cette composition atteint l'abordable. Ne soyez pas surpris si une société vous demande plus cher pour effectuer la composition de votre manuscrit tapé à la machine que le prix de l'ordinateur et l'imprimante laser !
Sauf finances conséquentes, il convient d'éviter les ateliers de composition.

Pour effectuer soi-même la composition, il fallait alors :

- un ordinateur équipé d'un traitement de texte.
- une imprimante laser de résolution minimale pour un travail correct de 300 dpi.

Les compétences pour un tel travail sont minimes et facilement assimilables.
Si vous ne souhaitez pas ou ne pouvez pas investir dans le matériel informatique, essayez de l'emprunter, de trouver un employeur, un proche ou une association qui vous laisse l'utiliser (mon premier livre, en 1991, fut saisi chez mon employeur... après mes heures de travail... presque toujours !...)
L'ordinateur est désormais d'usage courant.

Depuis quelques années, tout auteur-éditeur se doit de fournir un document PDF prêt à tirer à l'imprimeur. J'utilise CutePDF, logiciel gratuit, pour transformer un document texte (word ou works) en PDF.

Un livre ou "autre chose" ?

Des personnes vendent des photocopies agrafées, parfois reliées. Certes, c'est nettement moins cher. Parfois même gratuit quand on a accès à une photocopieuse. Mais ces "choses" n'ont, à mon humble avis, rien à voir avec l'édition.
Il convient donc, quand on veut se prétendre auteur et éditeur,

d'éditer un vrai livre, un livre dont fond et forme seront à l'abri des cinglantes critiques d'incompétence. N'oubliez jamais que si vous ne passez pas par un éditeur classique, de préférence parisien, vous devrez vous imposer, donc séduire des gens...

Le format :

Tous les formats sont possibles ! Le format le plus classique est 14,8 * 21 cm. Pour trouver votre format préféré, la solution la plus rapide est de regarder ce qui se fait, en librairie ou bibliothèque.

La couverture du livre :

Nom ou pseudo de l'auteur
Titre
Domaine (roman, essai, poésie...)
Nom de l'éditeur : votre nom précédé de "Editions" ou suivi de "Editeur" ou un nom fictif (qui n'existe pas déjà bien sûr) ou "autoédition" ou "auteur-éditeur"...

4eme de couverture : (le dos du livre)

N° ISBN et prix en bas. Le reste de l'espace est à votre disposition.
La loi n° 81-766 du 10 août 1981 oblige un prix unique pour le livre. Il est fixé par l'auteur éditeur. Les libraires sont toutefois autorisés à pratiquer des remises n'excédant pas 5 %.
L'intérieur du livre :

Il convient de respecter quelques règles :

Pages 1 et 2 : blanches

Page 3 : titre du livre

Page 4 : "du même auteur"

Page 5 : reprise des données de la couverture

Page 6 : copyright. Le copyright est obligatoire, il permet d'identifier le propriétaire des droits, notez :

> Le symbole copyright (©) suivi de : nom du propriétaire des droits (l'auteur-éditeur), ville de résidence, année du dépôt.

Dernière page :

COMPOSITION : nom de la personne ou nom et adresse de la société qui effectua la composition

Achevé d'imprimer

Sur les presses de l'Imprimerie X

à Y en Mois Année

N° d'imprimeur : il est communiqué ou sera ajouté par l'imprimeur.
ISBN : votre numéro d'ISBN pour ce livre

Dépôt légal : Mois Année

(Imprimé en France)
Ces données, vous les retrouvez sur les livres des éditeurs classiques. Une nouvelle fois : n'hésitez pas, pour la mise en page comme pour le format, à regarder ce qui se fait, l'originalité a ses partisans mais trop d'originalité peut aussi susciter le rejet...

V) Avant l'édition... demande ISBN

L'ISBN (International Standard Book Number) est un numéro international normalisé permettant l'identification de tout livre publié.

Dans le cadre du Système international de numérotation des livres géré par l'Agence internationale de l'ISBN (http://www.isbn-international.org), depuis 1972, l'AFNIL (Agence francophone pour la numérotation internationale du livre) attribue des listes d'ISBN et EAN (codes à barres) aux maisons d'édition, associations, particuliers, entreprises, organismes privés, désirant publier ou produire des ouvrages.

Le 1er janvier 2007, l'ISBN à 10 chiffres fut remplacé par l'ISBN-13, à 13 chiffres. Qui est donc identique à l'EAN, le code barre (mais laissez les séparations dans l'affichage de l'ISBN).

Au niveau international, donc l'Afnil dut l'appliquer, les ebooks sont désormais considérés comme de véritables livres avec ISBN attribués : la norme ISBN révisée précise que le système ISBN s'applique à n'importe quelle forme de publication monographique, y compris les e-books.
Chaque format différent d'un e-book doit posséder son propre numéro ISBN. De la même manière qu'on distingue l'édition reliée de l'édition brochée, la chaîne de commercialisation requiert un ISBN distinct pour identifier chacun des différents formats dans lesquels un e-book est commercialisé : ainsi un numéro pour le PDF, un pour l'ePub Apple, un pour l'ePub Kindle... où l'on voit la porte ouverte dans laquelle peuvent s'engouffrer les plateformes majeures pour exiger un prix de vente conforme à leur vision de l'ebook.

Aux termes du décret n°8168 du 3 décembre 1981, pris pour l'application de la loi relative au prix du livre, ces numéros doivent figurer sur tous les exemplaires d'une même œuvre soumise au Dépôt légal, ainsi que sur les déclarations de dépôt de l'imprimeur et de l'éditeur.

L'Agence Francophone pour la Numérotation Internationale du Livre
AFNIL
35 rue Grégoire de Tours
75006 Paris.
Téléphone : 01 44 41 29 19
(Boîte vocale d'informations uniquement, les demandes sont à faire par fax, courriel ou courrier)
Télécopie : 01 44 41 29 03
Courriel : afnil@electre.com
(www.afnil.org)

Si vous possédez encore de vieux numéros d'ISBN à 10 chiffres, il convient de les convertir en 13 chiffres et recalculer la clé. Le site de l'Afnil l'explique clairement.

POUR DEMANDER VOTRE NUMERO ISBN :

Un manuel de l'utilisateur précisant les modalités d'attribution, d'utilisation et d'intégration de l'ISBN dans le code-à-barres est fourni par l'AFNIL lors de l'attribution des numéros.

Il vous suffit de demander un indicateur éditeur ainsi que les numéros ISBN pour vos X prochaines publications.

X : le nombre de livres que vous pensez éditer dans les prochaines années. Soit 10, 100, 1000.

Le premier numéro d'ISBN figurera sur votre première publication. Ce numéro vous permettra d'être référencé.
ATTENTION : sans ISBN, refus du dépôt légal...

Problème rencontré par certains auteurs : l'impossibilité d'obtenir un numéro ISBN pour leur auto-édition...
L'AFNIL demande le nom d'un imprimeur : fournissez celui de notre devis retenu... et notez TIRAGE : 1000 exemplaires (en dessous, certains auteurs m'ont signalé des refus... mais depuis

l'obligation de fournir des numéros d'ISBN pour l'édition d'ebooks, la pression semble s'être restreinte)

Quant au code-barres physique, sur la quatrième de couverture, soit votre imprimeur l'ajoutera soit, et c'est préférable, vous le fabriquez avec un générateur gratuit. J'utilise "Code-Barre Generator."

J'ai obtenu, en 1991, 10 numéros. Ensuite un autre identifiant éditeur me fut attribué avec 100 numéros ISBN. J'ignore donc la réponse de l'Afnil quand un auteur indépendant demande des numéros d'ISBN pour publier un ebook. Je n'ai pas eu de retour d'auteurs dans une véritable démarche professionnelle auxquels l'Afnil aurait opposé un refus. Après avoir épuisé ma série de 100, l'Afnil m'a envoyé en quelques heures un nouvel identifiant pour 1000 publications (500 numéros communiqués, les autres le seront dès épuisement).

Il est toujours précisé sur le site de l'AFNIL, qu'elle n'attribue pas de numéros ISBN aux publications qui ne sont pas soumises à l'obligation du dépôt légal (travaux d'impression dits de ville, de commerce ou administratifs, documents électoraux mentionnés aux articles R26, R29 et R30 du code électoral) ni aux documents imprimés à moins de 100 exemplaires, aux mémoires, thèses et actes de colloques non publiés.
L'ebook n'étant pas soumis à l'obligation du dépôt légal, pas imprimé, on pourrait assister à une application rigide des textes avec le refus d'accorder des numéros pour ces « simples publications. »

Avant l'édition...

Montrez le plus possible votre travail. Surtout aux personnes qui n'auront pas la gentillesse de forcément vous trouver génial. Pris dans un texte, on peut très facilement laisser passer des coquilles très préjudiciables par la suite...

Vous écrivez sur papier ou directement sur ordinateur ? Peu importe, il vous faudra sûrement plusieurs versions imprimées avant de lancer votre livre, plusieurs versions qui auront été vues par des lectrices ou lecteurs intransigeants. Sept relecteurs pour obtenir un texte propre ? Payer une correctrice (un correcteur) est même préférable...

VI) Le statut de l'auteur éditeur… livres papier ou numérique

Choisir son statut : travailleur indépendant surtout pas société au premier livre !

Quand, après quelques livres publiés, j'ai eu connaissance des obligations de cette voie, je me suis inscrit à l'URSSAF, en profession libérale, auteur éditeur. Un numéro de Siren et un numéro de Siret me furent attribués.

Au niveau des impôts, j'ai choisi le régime de la déclaration contrôlée, formulaire N2035 K (avec le compte de résultat fiscal 2035-AK).

Ma déclaration fiscale est désormais Hors Taxes, car je suis assujetti à la taxe sur la valeur ajoutée. Je possède donc un numéro de TVA Intra-communautaire. Et chaque trimestre, j'effectue une déclaration de TVA. Avantage : la TVA payée est déductible.

Si vos ventes restent modestes, vous pouvez opter pour un régime sans TVA. Sur vos factures, il vous faudra alors noter "*auteur-éditeur, non assujetti à la TVA*". « *taxe sur la valeur ajoutée non applicable, article 293B du C.G.I* »

Mais tout revendeur sera assujetti à la TVA.

Désormais, il est sûrement préférable et plus rapide se s'immatriculer en auto-entrepreneur. Qui plus est, certains statuts sont incompatibles avec celui de travailleur indépendant (comme fonctionnaire) alors qu'auto-entrepreneur est ouvert à toutes et tous.

Le numéro de SIREN m'a également permis d'obtenir des sites en .pro, comme http://www.auteur.pro

VII) Subventions ?

Des aides aux entreprises d'édition peuvent être attribuées par la Direction du livre et de la lecture (subventions), par le Centre national du livre (plus avances remboursables) ou, à l'échelon régional, par les directions régionales des affaires culturelles (subventions). Les Centre Régionaux des Lettres financent aussi...

Demander des subventions ? Est-ce raisonnable ? Je ne l'avais jamais fait avant 2012... Je dénonce même en vain depuis des années la politique anti auto-édition du CRL Midi-Pyrénées. Naturellement, le CRL de Martin Malvy est resté sur sa position de soutien aux installés...

Malgré un catalogue d'une centaine de créations, des traductions en anglais, allemand et espagnol de mon versant théâtral, je ne suis pas vraiment considéré écrivain dans ma région ! Oui, la profession libérale "auteur-éditeur" n'ouvre pas toutes les portes devant soi... Il faut le savoir, et le dénoncer...

VIII) Le choix d'un imprimeur... "impression de masse"

Objectif : trouver le meilleur rapport qualité/prix. Le critère de la facilité des relations avec l'imprimeur est souvent aussi essentiel.

http://www.auto-edition.com propose depuis plusieurs années le devis de l'imprimeur de mes livres.

Pour demander des devis, précisez toujours vos désirs :

Format : exemple 14,8 * 21 cm
Livre relié (dos collé) ou autre façonnage

La quantité souhaitée : imprimer moins de 200 exemplaires c'est subir un prix de revient à l'unité très élevé.

Intérieur :
    Nombre de pages : de préférence un multiple de 32.
    Type de papier : exemple blanc offset 80 g
    Le nombre de couleurs : exemple 1, noir.
    L'état du travail que vous présenterez : exemple, sorties laser prêtes à filmer fournies. Préférez PDF Imprimeur !

Couverture
Type de papier : exemple blanc 224 grammes.

Le nombre de couleurs : exemple 2, noir et bleu. Mais désormais la quadri n'est plus hors de prix. Il serait dommage de vous priver d'une couverture en quadri en 2012. Et fournissez aussi la couverture en PDF. Les sorties laser prêtes à filmer, c'était bon en 1998 !

Précisez si vous souhaitez un pelliculage (brillant ou mat) de la couverture.

Attention : comme dans tout corps de métier, il peut se rencontrer des personnes peu scrupuleuses... renseignez-vous toujours avant de signer...

Actuellement, le plus souvent, les imprimeurs réalisent des impressions en offset dès 1000 exemplaires. Avant, il est plus intéressant d'utiliser une « machine numérique. »

IX) URSSAF

L'URSSAF. Et donc les charges sociales...
ON FAIT PARFOIS PEUR AUX AUTEURS EN AGITANT LE TERME URSSAF... Juste : Attention aux années fiscales... Chaque année fiscale : bénéfices imposables ou déficit déductible... qui servent de base au calcul de vos charges sociales de l'année suivante.

Comme pour les impôts, c'est CHAQUE ANNEE... (donc si vous éditez en décembre 2012, vous avez un déficit en 2012 (si vous n'avez pas d'autres ventes) qui viendra se fondre avec vos autres revenus et aurez sûrement un bénéfice en 2013... d'où l'intérêt de l'édition numérique qui permet d'imprimer la quantité à vendre durant l'année).

Dès votre affiliation à l'URSSAF, vous recevrez un appel de cotisation basée sur un revenu estimé.

Mais il existe des dispenses de cotisations (texte désormais sur http://www.urssaf.fr) : *"vous pouvez être dispensé du versement de la cotisation personnelle d'allocations familiales et de la CSG/CRDS si vous justifiez pour 2012 d'un revenu professionnel inférieur à 4 740 euros.*
Si vous justifiez pour l'année 2010 d'un revenu professionnel inférieur à 4 670 euros, vous serez exonéré du versement de la Contribution à la Formation Professionnelle (CFP) de l'année 2011 exigible en février 2012."
Lors de cet appel de cotisation vous pouvez payer et attendre le remboursement ou renvoyer cet appel en précisant que vous êtes certain(e) de ne pas dépasser le seuil de bénéfices durant l'année...
En résumé : ne dépassez pas 4500 euros de bénéfice annuel... ou vivez vraiment de votre activité. Ainsi, sachez étaler dans le temps vos ventes et vos charges. L'impression numérique à 500 exemplaire le permet (charges et recettes la même année plutôt qu'être déficitaire de 3000 euros une année puis bénéficiaire

l'année suivante... il n'existe pas de report). Naturellement, le véritable objectif doit être de vivre vraiment de son activité d'auteur-éditeur mais l'auteur auto-édité doit aussi savoir gérer la fiscalité.

L'auteur-éditeur N'A PAS à inscrire à la Chambre du Commerce. Il n'a pas besoin de numéro RCS (registre du commerce et des sociétés) et le numéro de SIRET lui est attribué comme travailleur indépendant, profession libérale.

X) Affiliation SIRENE

Code APE 9003B

Ma première déclaration auteur-éditeur aux impôts déclencha une demande du service des impôts... avec demande d'inscription SIRENE (j'ai aussi eu une demande de taxe professionnelle... le service des impôts, après appel, a reconnu son erreur.... elle n'existe plus mais d'autres sommes peuvent être réclamée à tort...)

L'affiliation SIRENE : code APE 9003B Autres Activités Artistiques (numéro de SIREN plus numéro de SIRET - établissement)
Cela ne me coûte rien. Et permet d'être reconnu comme travailleur indépendant.

XI) SECURITE SOCIALE

MA SECURITE SOCIALE... est désormais gérée par le RSI : travailleur indépendant auteur-éditeur...
Donc Assurance maladie des professions indépendantes... (lors inscription à URSSAF)

L'AGESSA (Association pour la Gestion de la Sécurité Sociale des Auteurs), ce n'est pas pour nous ! Nous sommes d'abord des travailleurs indépendants.

XII) TVA

Avant de passer au stade professionnel, sauf si vous le demandez, vous êtes exonéré de la TVA sur les ventes.
Quand l'auteur-éditeur vend directement, sans intermédiaire, sur ses factures, il note :"auteur-éditeur, non assujetti à la TVA". Et précise : « taxe sur la valeur ajoutée non applicable, article 293B du C.G.I »

Mais tout revendeur sera logiquement assujetti à la TVA. 5,5% puis 7% au 1er avril 2012 et retour à 5,5% en 2013. Il faut suivre...
Dès que vous devenez professionnel, même si vous ne dépassez pas le seuil d'assujettissement automatique à la TVA, il me semble préférable de demander au centre des Impôts à devenir assujetti à la TVA. Il y aura certes 5,5% du prix de vos livres vendus directement qui partiront dans les caisses de l'état mais en contrepartie vous bénéficierez du remboursement de la TVA déductible, le plus souvent à 19,6% (ordinateur, voiture...) 20% en 2014 ?

Cette TVA est même de seulement 3% quand le siège du vendeur se situe au Luxembourg, comme Amazon.

XIII) Dépôt légal livres en papier

LE DEPOT LEGAL en FRANCE... du livre en papier.

Le régime du dépôt Légal, organisé par la loi du 21 juin 1943 et le décret du 21 novembre 1960, a pour but :

- De permettre la constitution d'une documentation centrale à laquelle peuvent se référer les services publics de l'Etat.
- D'assurer la conservation de la pensée écrite et de l'expression artistique.

Un double dépôt a été institué :

- à la Régie du Dépôt Légal au MINISTERE DE L'INTERIEUR, pour les éditeurs.
- au service du Dépôt Légal à la BIBLIOTHEQUE NATIONALE, pour les éditeurs et les imprimeurs.

Depuis le décret 2006-696 du 13 juin 2006 (le *Journal Officiel du 15 juin 2006*), le dépôt légal pour l'éditeur est modifié :
- Deux exemplaires des ouvrages à la bibliothèque nationale (décret du 19 mars 2015 : le dépôt légal éditeur à la Bibliothèque nationale de France : un seul exemplaire)
- et surtout : fin du dépôt au ministère de l'intérieur.
De même, l'obligation de fournir des déclarations globales des chiffres des tirages successifs est supprimée.

En résumé, depuis le décret du 19 mars 2015 : un exemplaire à déposer à la BNF.

Pour l'éditeur (donc l'auteur-éditeur), 48 heures avant la mise en vente ou en distribution, il convient de :

- Envoyer UN exemplaire de l'œuvre et trois exemplaires de la déclaration de dépôt (voir modèle ci-dessous) à :

Bibliothèque nationale de France
Service du dépôt légal
Section LIVRES Quai François Mauriac
75706 Paris cedex 13
Tél : 01 53 79 43 37
Fax1 : 01 53 79 46 00
Fax2 : 01 53 79 85 86

Ces envois DOIVENT ENCORE bénéficier plus de la franchise postale (indiquer sur l'envoi, en haut à droite, à la place du timbre : « Franchise Postale, Dépôt légal, Code du Patrimoine Article L. 132-1 »)

Quant au Dépôt légal imprimeur (si vous êtes votre propre imprimeur) : un exemplaire aux bibliothèques du dépôt légal.

SI vous êtes votre propre imprimeur :
Paris et Ile-de-France : Bibliothèque nationale de France
Service du dépôt légal
Section LIVRES Quai François Mauriac
75706 Paris cedex 13 Tél : 01 53 79 43 37
Fax1 : 01 53 79 46 00
Fax2 : 01 53 79 85 86
1 Exemplaire (avant le 15 juin 2006 : 2 exemplaires)

Régions : Bibliothèque habilitée (bibliothèque régionale) : 1 exemplaire

Un exemplaire de la déclaration de dépôt sera retourné à l'auteur-éditeur par la Bibliothèque Nationale.

Toute édition (livres, brochures, estampes, gravures, cartes postales, affiches...), qu'il s'agisse d'une nouveauté, nouvelle édition ou réimpression, exige un dépôt légal.
Ce dépôt recouvre aussi bien le contenu que la forme (ainsi doit être déposé pour un même ouvrage chaque série, brochée, cartonnée, reliée...)

En plus des obligations du dépôt légal relevant de la loi du 21 juin 1943, les éditeurs de publications destinées à la jeunesse ont obligation par la loi du 16 juillet 1949, au dépôt de 5 exemplaires au :

Ministère de la Justice
4, place Vendôme
75042 Paris Cedex 01

Pour plus informations voir :
http://www.bnf.fr/ rubrique PROFESSIONNELS, DEPOT LEGAL

* La déclaration de dépôt est à demander à la Bibliothèque nationale. L'imprimé et les conseils pour le remplir se situent page :
http://www.bnf.fr/documents/declaration_dl_imprimes.pdf

Et en 2013, il est arrivé, le "dépôt légal en ligne" :
http://depotlegal.bnf.fr
(il faut néanmoins toujours envoyer les livres par la poste, en franchise postale)

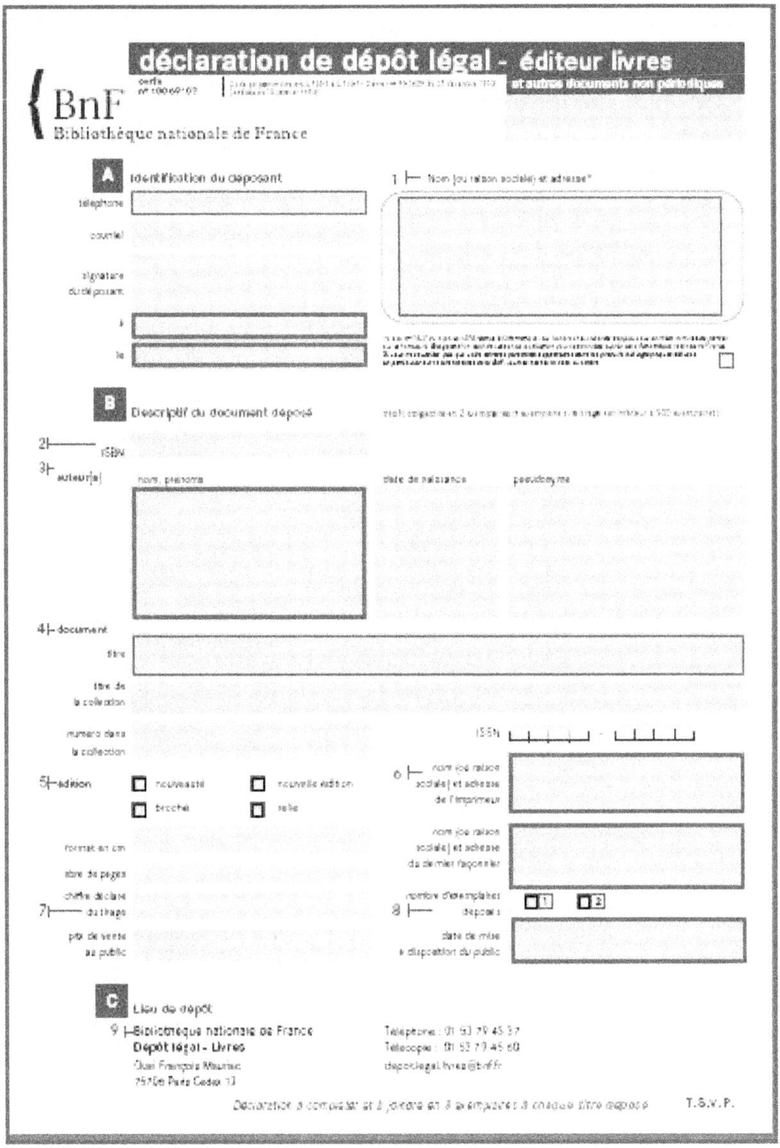

déclaration de dépôt légal - éditeur livres

et autres documents non périodiques

cerfa
n° 10069*02

BnF
Bibliothèque nationale de France

A Identification du déposant

téléphone

courriel

signature du déposant

à

le

1 ⊢ Nom (ou raison sociale) et adresse*

B Descriptif du document déposé

2 ⊢ ISBN

3 ⊢ auteur(s) — nom, prénoms — date de naissance — pseudonyme

4 ⊢ document — titre

titre de la collection

numéro dans la collection — ISSN

5 ⊢ édition — nouveauté — nouvelle édition — broché — relié

6 ⊢ nom (ou raison sociale) et adresse de l'imprimeur

nom (ou raison sociale) et adresse du dernier façonnier

format en cm

nbre de pages

7 ⊢ chiffre déclaré du tirage

8 ⊢ nombre d'exemplaires déposés — 1 — 2

prix de vente au public

date de mise à disposition du public

C Lieu de dépôt

9 ⊢ Bibliothèque nationale de France
Dépôt légal - Livres
Quai François Mauriac
75706 Paris Cedex 13

Téléphone : 01 53 79 45 37
Télécopie : 01 53 79 45 60
depotlegal.livres@bnf.fr

Déclaration à compléter et à joindre en 3 exemplaires à chaque titre déposé — T.S.V.P.

XIV) Edition numérique : le dépôt légal

Le dépôt légal du livre papier est un des piliers de l'édition en France. Pour le livre numérique, nous attendons toujours une véritable implication de l'Etat.
Certes, la Bibliothèque Nationale de France n'est pas totalement aveugle, elle connait l'ebook :

> Cas des livres numériques (e-books)
>
> Le dépôt légal concerne les e-books ou livres numériques, termes utilisés pour désigner un objet numérique ressemblant en partie à une monographie imprimée sur papier et diffusé en ligne.
>
> Seul le contenu (le texte numérique ainsi que les fonctions d'annotation, les outils interactifs, etc.) est visé par le dépôt légal, et non l'outil de lecture ou tablette.
> Les modalités de dépôt sont celles du dépôt légal de l'Internet, prévues par le Code du patrimoine (art. L.131-2, L.132-2, L.132-2-1).
> L'éditeur n'a aucune démarche active à effectuer auprès de la BnF.
>
> Si la diffusion d'un livre numérique coexiste avec une version sur support papier ou électronique, celle-ci reste soumise à l'obligation de dépôt légal.
> Un type de dépôt ne se substitue pas à un autre
>
> www.bnf.fr/fr/professionnels/depot_legal/a.dl_sites_web_mod.html

Comment se déroule le dépôt légal des ebooks ?

> Contrairement au dépôt légal traditionnel (des publications imprimées ou sur support audiovisuel, par exemple), le dépôt légal des sites Web n'implique aucune démarche

> active de la part de l'éditeur. Les collectes se font de manière automatique à l'aide du robot Heritrix, logiciel libre développé au sein du consortium IIPC, qui fonctionne comme les robots indexeurs des moteurs de recherche. Si tout ou partie du site est inaccessible au robot de capture pour des raisons techniques (base de données, contenu protégé par mot de passe, formulaire d'accès...) ou commerciales (contenu payant, abonnement ...), la BnF est susceptible de prendre contact avec l'éditeur au cas par cas pour trouver des solutions techniques afin d'améliorer la collecte du site.

Sur la même page du site de la BNF

Distribués par *immateriel*, mes ebooks sont repris par gallica.bnf.fr, donc bénéficient d'un dépôt, mais sans référence transmise.

La BNF précise :

> La BnF ne peut garantir l'exhaustivité de ses collectes de l'Internet, compte tenu de la masse et de l'organisation des données en ligne. Elle procède par échantillonnage, selon des critères visant à assurer la meilleure représentativité possible. Plusieurs collectes se déroulent pendant l'année et, à chaque connexion, le robot d'archivage s'identifie directement auprès des serveurs de l'éditeur.
> Si l'éditeur souhaite que son site Web soit ajouté à l'une des prochaines collectes, il doit adresser une demande par courriel.

Contrairement au dépôt légal à la BNF du livre papier, le prétendu dépôt légal des ebooks à la BNF ne constitue donc pas une protection automatique contre le plagiat. Réaliser un dépôt "copyright" via un site dédié à ce bizness est préférable si vous n'êtes pas distribué... ou préférez posséder des références précises à opposer immédiatement en cas de difficultés.

XV) IMPOTS

N'ayez pas peur des impôts ! Si vous vendez correctement, vous aurez même légitimement une grande satisfaction d'en payer. Et si vous gagnez suffisamment pour en vivre pauvrement et que cela constitue votre unique source de revenus pour un travail à temps plein, vous aurez même la joie de recevoir la prime pour l'emploi.

En plus de la classique feuille de déclaration d'impôts, il vous faut demander le formulaire 2035 K (REVENUS NON COMMERCIAUX et assimilés, régime de la déclaration contrôlée) ainsi que le formulaire 2035 B-K (compte de résultat fiscal).

Chaque année fiscale, vous obtiendrez donc en bas de votre formulaire 2035 B-K, un bénéfice imposable ou déficit déductible, à reporter dans le résultat fiscal de l'année dans le formulaire 2035 K, à déposer « *au plus tard le deuxième jour ouvré suivant le 1er mai.* »
Montant qu'il vous faudra noter dans votre déclaration d'impôts générale "Revenus non commerciaux professionnels, régime de la déclaration contrôlée".

Je vous conseille d'utiliser cette déclaration : les FRAIS REELS et non le FORFAIT (si vous utilisez le forfait vous serez considéré bénéficiaire par rapport aux ventes même si les charges sont plus importantes !...)

Consulter le centre des Impôts dont vous dépendez lors d'une première déclaration d'auteur-éditeur est préférable.

XVI) La vente

Tous les livres ont, en principe, droit aux rayons des libraires.
Dans notre chère réalité, certaines librairies acceptent de prendre en dépôt les livres qui ne sont pas publiés par un auteur d'une grande maison d'édition. Le montant de la remise que l'auteur doit consentir est à discuter.
PRATIQUES : Entre 20 et 40 %.

En 1998, je notais : entre le faire-savoir et le savoir-faire, j'ai opté pour la seconde formulation. J'ai la conviction, peut-être naïve, que le savoir-faire est suffisant, même si certain(e)s font fortune grâce au faire-savoir. Mais est-ce la vocation d'un auteur ?

Puis MON CAS est devenu particulier (comme tous les cas !), particulier niveau média, depuis qu'internet fait de l'auteur un média de référence (80 000 abonnés au webzine)...

Dans tous les cas, il faut, au minimum, se faire connaître des acheteurs potentiels. Vous pouvez :

- Le marketing direct, le mailing.
- Les diffuseurs (remise classique 55%)
- Les dépôts dans un maximum de librairies
- La publicité insérée dans les journaux, avec coupon réponse
- Les salons du livre
- En 2012 : Internet, forcément. Un vrai site. Un blog. Les médias sociaux.

Pour vendre sur la voie publique, il convient de se déclarer en préfecture "colporteur ou distributeur de livres, écrits, journaux". S'adresser à la Direction des Liberté Publiques et des Collectivités Locales. En préfecture.
Au sujet des LIBRAIRES : certes, si vous connaissez BIEN un libraire... normalement, ça se passera BIEN...

Mais il est "parfois" difficile... d'être payé... le responsable n'est pas là... vous tombez mal...

C'est politiquement très incorrect mais je vous conseille de lire "Livre papier : Amazon, le seul vrai libraire en France" http://www.librairie.mobi

Le thème de la vente est également abordé dans la partie « F - *Promouvoir ses livres, méfiez-vous des solutions miracles...* »

XVII) Edition numérique : publier sur les plateformes d'autopublication ou faire distribuer ses ebooks ?

Amazon propose le Kindle Direct Publishing sur lequel les auteurs peuvent s'auto-éditer.
Kobo développe la même approche.
Barnes et Noble aussi mais pas encore en France.
Apple simplifiera sûrement la possibilité de balancer sur la plateforme iTunes.
Des agrégateurs, genre Lulu (déconseillés), permettent aussi d'accéder à ces points de vente.
Alors ? Profiter de ces plateformes en pensant ainsi se faciliter la vie ? Attention : passer par KDP d'Amazon ne vous exonère pas des obligations fiscales même si je ne suis pas certain que l'ensemble des auteurs en ont conscience. Certes, certains ne toucheront sûrement jamais 100 euros. Mais si vous vous inscrivez dans une véritable démarche d'écrivain... préférez l'édition même 100% numérique sous votre propre label, avec une vraie distribution. Certes, Amazon et iTunes génèrent la plus grande partie de mes ventes. Mais quelques ventes ailleurs, c'est parfois ce qui permet d'en vivre.

Abidjan : se déplacer

B - Createspace
(impression à la demande)
et vente sur Amazon mondial

I) Choisir Createspace

J'ai fait imprimer quinze de mes livres en "grande quantité", 2500 au maximum, aucun exemplaire naturellement n'est parti au pilon. L'impression à la demande devrait à moyen terme (mi 2013 ?) en concerner une centaine, permettre ainsi à l'ensemble de mes écrits d'obtenir un support en papier.

Le "prix de revient" unitaire étant plus élevé à la demande, naturellement il existe d'autres raisons de le choisir, les quatre principales : l'absence d'investissement ; une demande faible ; la nécessité de mises à jour fréquentes, la possibilité de vendre via Amazon.

Un éditeur indépendant m'a récemment narré l'une de ses mauvaises expériences : un livre vendu à 10 euros, commandé par Amazon avec une marge de 50% et les frais d'envoi à la charge de l'éditeur. Qui perdait ainsi de l'argent à chaque fois qu'Amazon lui vendait un livre !
Naturellement, il faut toujours refuser les marges de 50% !
Je lui avais conseillé d'utiliser Createspace.

J'utilise les services de Createspace (impression à la demande) afin d'offrir un accès mondial à mes livres également de papier... sur Amazon planète...

Bien sûr d'autres solutions d'impression à la demande existent. Aucune n'a su retenir mon attention. Certaines sociétés n'exigent même pas un statut d'auteur-éditeur, entretiennent (sûrement involontairement !) la confusion entre un rôle d'imprimeur, d'éditeur, et vendeur : il vous suffit de valider les conditions générales où vous dégagez le site de toute responsabilité !

Avec Amazon, tout est clair... c'est gratuit (le prestataire se paye avec une marge décente sur les ventes) mais pour Createspace il est encore nécessaire d'utiliser un espace rédigé en anglais.

La première étape pour l'auteur-éditeur consiste à se déclarer au fisc américain, à obtenir un numéro d'EIN...

Eh oui, utiliser l'anglais et demander un identifiant fiscal aux États-Unis, certains préfèrent les sites peu scrupuleux sur les obligations légales ! Mais il ne peut y avoir de professionnalisation sans respect des lois...

Malgré des souvenirs scolaires à peine suffisants pour orienter des vacanciers anglais égarés, j'y suis arrivé... C'est donc possible... Expérience en images, et conseils.

Face à 25 000 points de vente ("honorables librairies" ?) du territoire français inaccessibles aux vrais indépendants par choix également politique, s'approprier l'ensemble des solutions d'Amazon est devenu indispensable...

Pour les indépendants, l'unique espoir dans le livre papier s'appelle donc Amazon, qui s'est décidé à lancer CreateSpace en France : « *vous pouvez désormais distribuer des livres imprimés directement sur les sites Amazon européens : Amazon.co.uk,*

Amazon.de, Amazon.fr, Amazon.es et Amazon.it. » (sa newsletter mai 2012) Mais avec un site en anglais et l'obligation de demander un identifiant fiscal aux Etats-Unis...

Un an plus tard, j'en suis arrivé à la conclusion de la nécessité de réaliser la première étape : remplir ce dossier en anglais. Ma première demande fut considérée incomplète, refusée. Quelques instants de découragement, face à ce fax et ses notes manuelles à déchiffrer... Le 14 août 2013, un identifiant EIN m'est parvenu des services fiscaux US, par fax... mais écrit manuellement, avec un caractère "litigieux." Confirmation tapuscrite reçue le 3 septembre. L'ensemble de mes livres numériques rejoignent ce programme, les premières ventes confirment l'intérêt d'y consacrer du temps... et des demandes plus ou moins bien formulées « pouvez-vous m'indiquer comment faire ? ». En novembre, j'en suis à une trentaine.

Si certains se plaisent depuis quelques années à fournir des conseils (même avant que cela soit possible aux résidents français avec vente sur amazon.fr !...) je n'en ai trouvés aucun de complet... il m'a fallu bien des "google translate" et mails à quelques amis anglophones.

25 000 points de vente ou Amazon ? Je préfèrerais les deux. Si je parviens à proposer un catalogue de cent livres disponibles en papier, cet exemple pourrait être suivi... Ainsi, l'unique "vrai libraire" en France, celui proposant mes livres, nos livres, serait Amazon...

II) CreateSpace connexion :

https://www.createspace.com

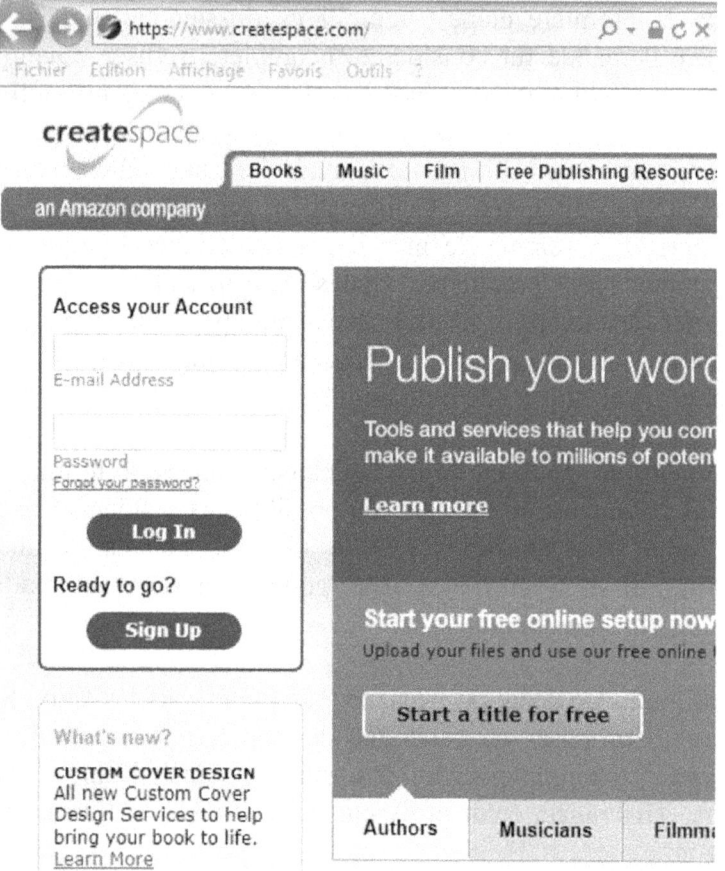

Même s'il est nécessaire d'obtenir un numéro du trésor américain, une connexion sur createspace, une inscription, me semble utile. Voir un peu comment ça marche, s'habituer au langage...

Ready to go ? : Prêt ?
Sign Up : Inscrivez-vous

First Name : Prénom
Last Name : Nom de famille

What type of media are you considering publishing ?
Quel type de supports envisagez-vous d'éditer ?

Books : livres

Je vous indique une traduction en français la plus correcte possible. Google translate est quand même une catastrophe grammaticalement...

Je vous indique la manière dont je me suis inscrit, la manière dont je gère mes publications. Si quelqu'un découvre une meilleure solution, je reste naturellement à son écoute. N'oubliez jamais qu'entre la rédaction de ce "manuel" et votre propre utilisation, Amazon et le trésor américain peuvent avoir changé des obligations, des modes de fonctionnement, des interfaces...

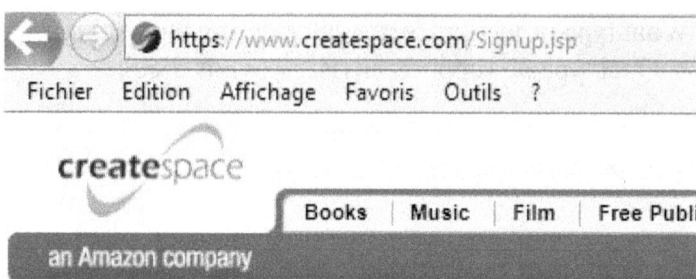

III) Le numéro EIN

Non, il ne faut pas mettre un numéro "au hasard" ou celui d'un ami en espérant que ça passe !
Naturellement, je vous présente le formulaire... mais il vous faut récupérer celui "d'aujourd'hui" (oui, quand vous me lirez) et surtout pas un sur un forum de vagues conseils. Ce sera sûrement encore le même...

Le site de référence
http://www.irs.gov

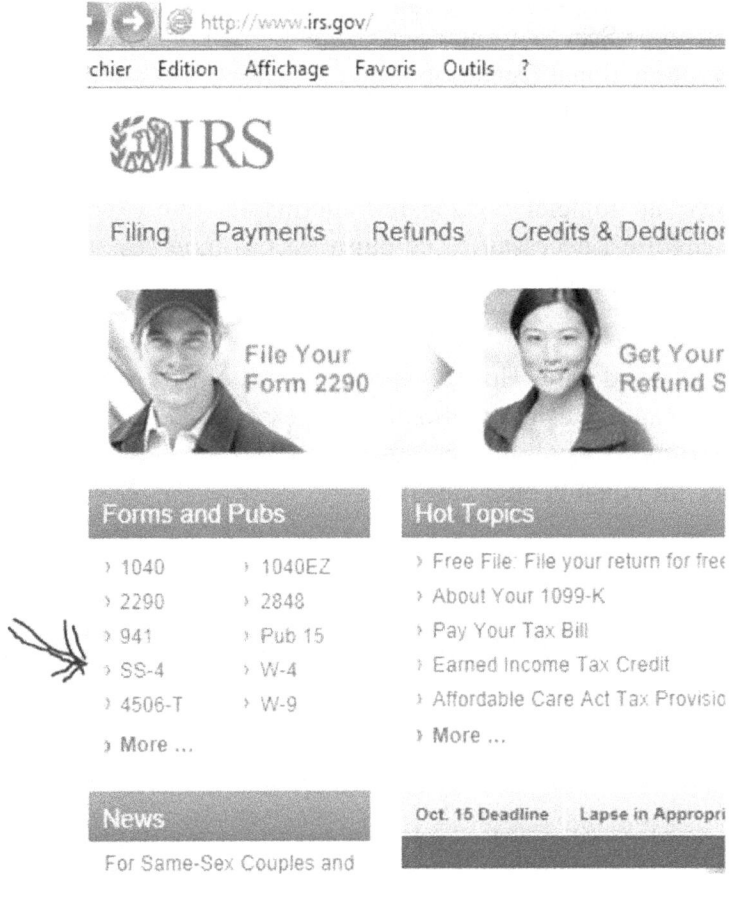

Si vous cliquez sur SS-4 vous obtenez le pdf du document à renvoyer.
http://www.irs.gov/pub/irs-pdf/fss4.pdf

Trois pages au format A4 avec sur la première l'adresse où envoyer la deuxième à remplir. Par courrier postal, fax... il est également possible, mais un très bon niveau en anglais semble indispensable, de réaliser cette formalité par téléphone. Si vous avez acheté ce document, je vous pense plus dans une situation proche de la mienne qu'à lire Philip Roth sans traduction.

À envoyer à (j'ai lu une autre adresse sur le blog d'un auteur)

Internal Revenue Service Center
Attn: EIN International Operation
Cincinnati, OH 45999
Fax-TIN: 859-669-5987

Pour le fax, un logiciel ou appareil fournissant une excellente qualité d'envoi est nécessaire... ce qui n'est pas mon cas... Donc l'envoi fut postal, l'attente raisonnable, moins d'un mois pour la réponse.

Je vous conseille de lire "How to Apply for an EIN"
http://www.irs.gov/Businesses/Small-Businesses-&-Self-Employed/How-to-Apply-for-an-EIN
Même avec un vilain google translate.

Ne vous effrayez pas, je vais vous noter les cases à compléter !

[Form SS-4: Application for Employer Identification Number — annotated with]
- 1: Nom Prénom
- 3: Nom Prénom
- 4a: adresse
- 4b: ville
- 5b: code postal
- 6: FRANCE
- 7a: Nom Prénom
- 7b: Numéro de Sécurité sociale
- 8a: No

En 1, 3, 7.1 : Nom Prénom
L'adresse postale dans les autres cases (4a 4b 5b 6).
Et surtout, en 7b le "Numéro de Sécurité sociale."
Ce que je n'avais pas noté au premier envoi.

8a : non

[Form SS-4 continued:]
- 9a: Sole proprietor (SSN) coché
- 9b: State / Foreign country: FRANCE
- 10: Banking purpose (specify purpose) : createspace.com AMAZON
- 11: Date business started : 24/06/1997
- 12: Closing month of accounting year : 31/12
- 13: Agricultural 0, Household 0, Other 0
- 16: Other (specify) : Paper books publishing in France
- 17: Books publishing
- 18: No

9a : j'avais coché "Personal service corporation"
mais sur le fax de validation, fut entouré "Sole proprietor (SSN)"

sole proprietor : propriétaire unique

52

9B : Foreign country FRANCE

10 : Banking purpose (specify purpose) : createspace.com AMAZON

11 : Date business started or acquired (month, day, year). See instructions.

Date de création de mon business auteur-éditeur : 24/06/1997

Closing month of accounting year
Mois de clôture de l'année comptable : 31/12

16 : Other (specify) : Paper books publishing in France

17 : Books publishing

18 : NON

Reste à signer, dater, ajouter le numéro de téléphone et de fax (indicatif 33)

Remplir en ligne et imprimer pour signer... et compléter le numéro de téléphone si nécessaire car le formulaire n'acceptait que 8 nombres et en France il en faut 9 (0 non noté dans les numéros au format international)

Heureusement, en cas d'erreur, un fax le signale :

> Line 7 must indicate the name and Social Security Number (SSN) or Employer Identification Number (EIN)if applicable, of the principal officer, president, vice president, corporate secretary, corporate treasurer, or corporate executive officer.

P. S. If line 76 not applicable, enter count citizenship.

?.P.S. Require certificate of business filing.

Ligne 7, il fallait ajouter le numéro de sécurité sociale.
Puis il fallut déchiffrer le reste.

Ligne 16, j'avais noté :
books publishing
Je l'ai remplacé par *Paper books publishing in France*

Et j'ai envoyé une copie de mon identification SIRENE.

Oui, il faut naturellement être en règle en France pour l'être aux Etats-Unis !

Ainsi pourvu de mon numéro EIN, je retournais sur Createspace...

IV) Fournir les éléments indispensables à l'impression des livres par createspace

C'est spécifié sur l'un des documents : il est interdit de faire croire que Createspace ou Amazon est votre éditeur.

Je note ainsi :

Imprimé par CreateSpace, An Amazon.com Company pour le compte de l'auteur-éditeur indépendant.
livrepapier.com

Naturellement, je vous conseille de visiter l'ensemble des pages, lire (même avec google translate) les parties qui vous intéressent... Comme les "formats" si vous n'êtes pas habitué à fournir un PDF imprimeur ou même un ebook en PDF.

My Account (mon compte)

--> Member Dashboard (tableau de bord)

--> Create a Title (créer un titre)

V) Créer un titre

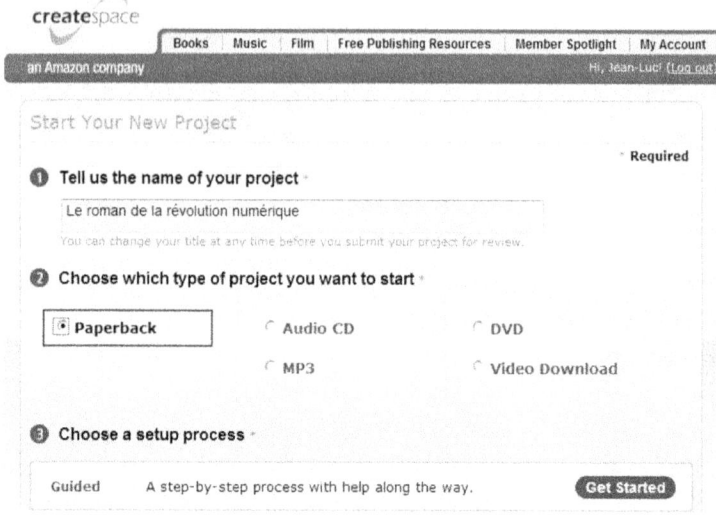

Le titre et projet. Ici papier.

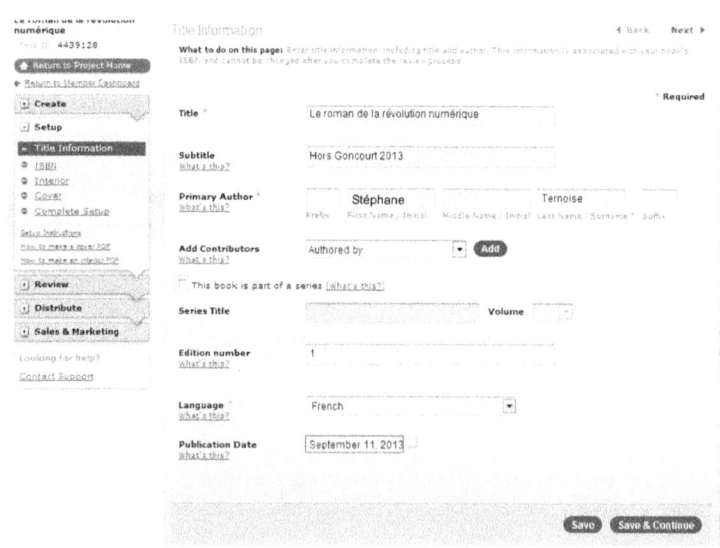

le titre est repris (mais avec les accents non gérés donc je remets les accents). Possibilité d'ajouter un sous-titre. Le nom de l'auteur. Possibilité de gérer plusieurs auteurs. La langue. La date de publication.

Vous pouvez utiliser un ISBN fourni par Amazon... Il ne me semble pas cohérent d'utiliser un autre numéro que l'un de notre série.

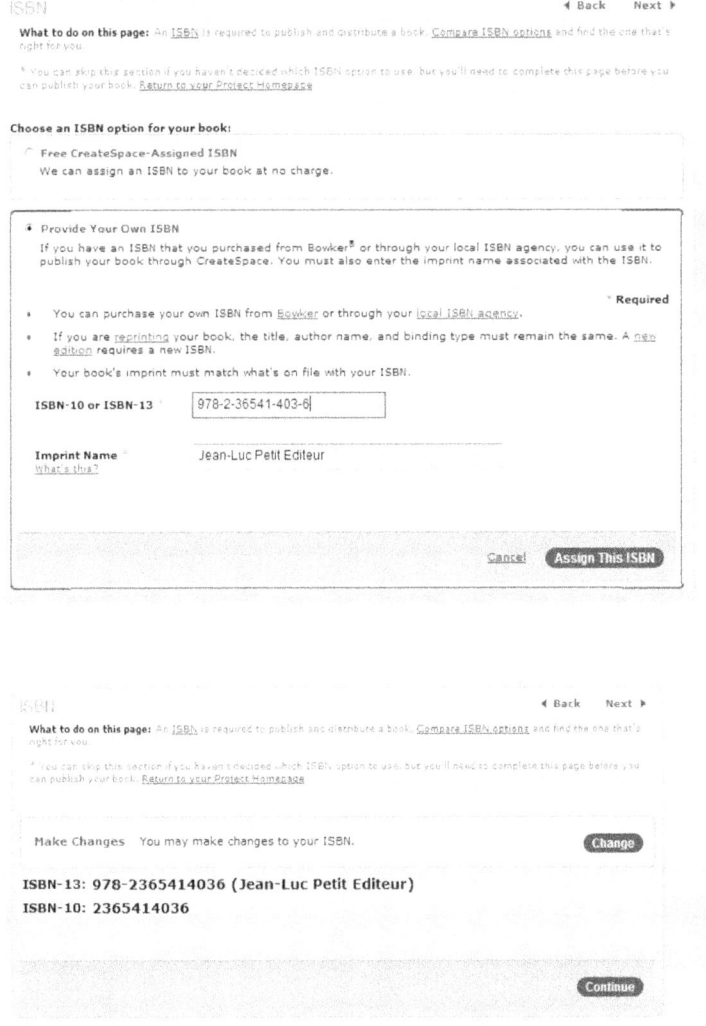

De quel format sera le livre ?

Le 14.8 * 21 de nos imprimeurs n'est pas un format standard chez Amazon. Il nous propose en premier choix 6' * 9', soit 15.24 par 22.56. Je préfère 13.97 par 21.59, soit 5'5 par 8'5.
Qui plus est, travaillant avec works, il possède ce format en standard (statement works) ce qui évite les millimètrages.

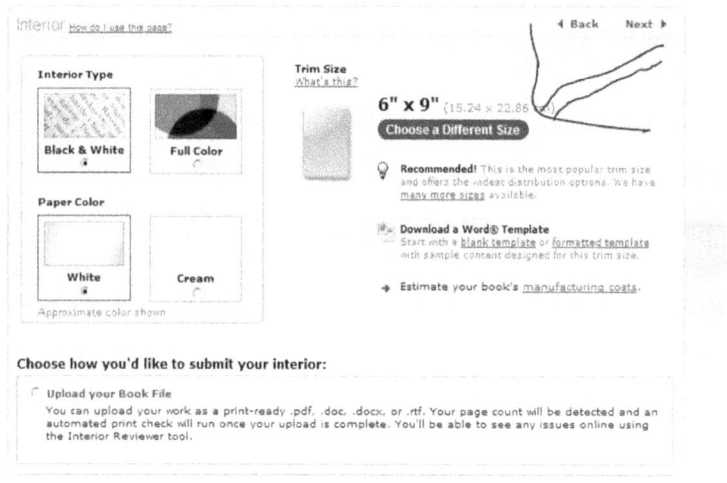

En cliquant sur l'option des formats, vous n'avez qu'à choisir...

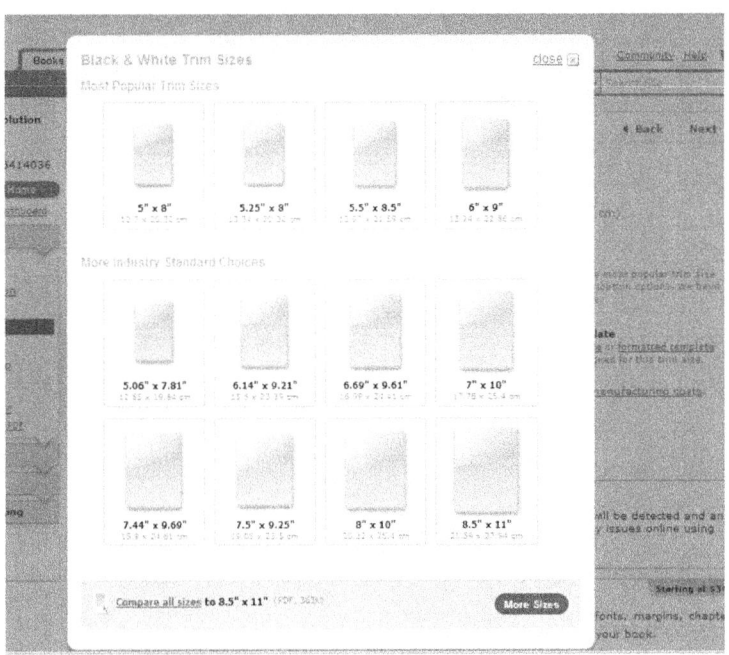

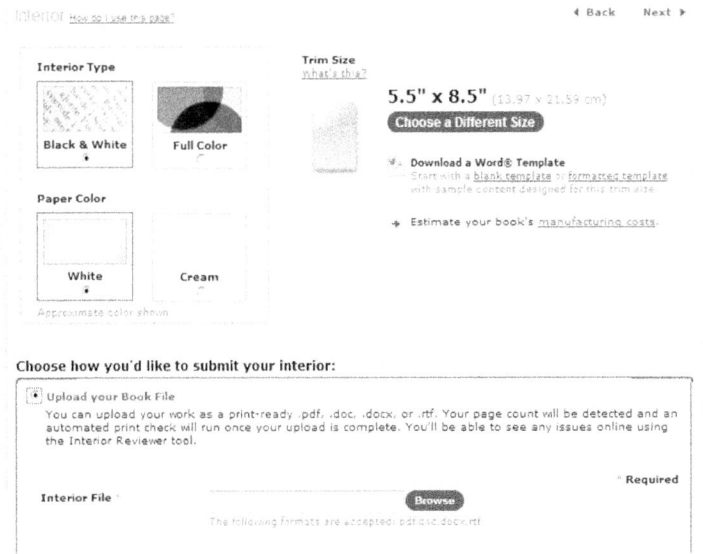

Et envoyer (uploader) un fichier PDF du format exact en spécifiant une coupure juste au bord (sans ajout de fond perdu... ajouter un fond perdu représente un coût plus élevé... et je n'en vois pas l'utilité : il faut penser au livre tel qu'il sera imprimé.) Il ne s'agit pas ici d'expliquer la réalisation d'un fichier PDF...

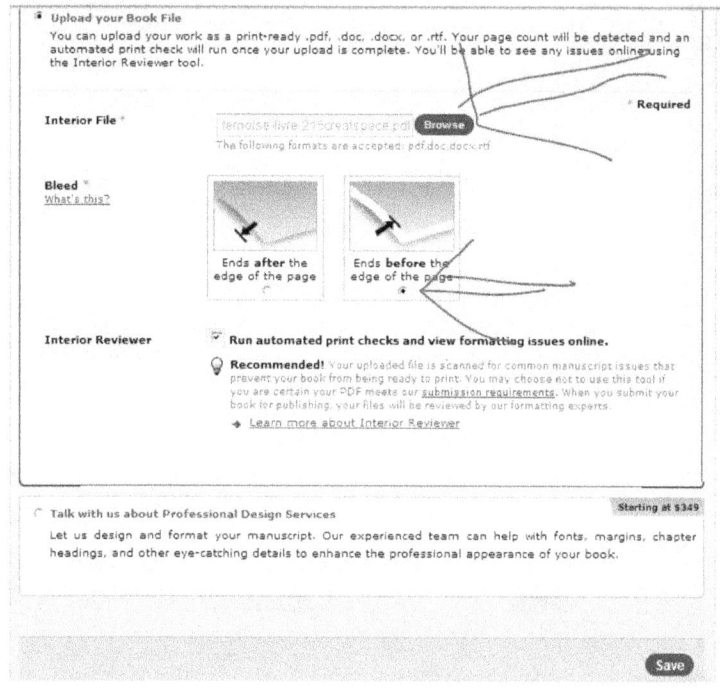

Après le téléchargement, Amazon vous propose un outil de contrôle.

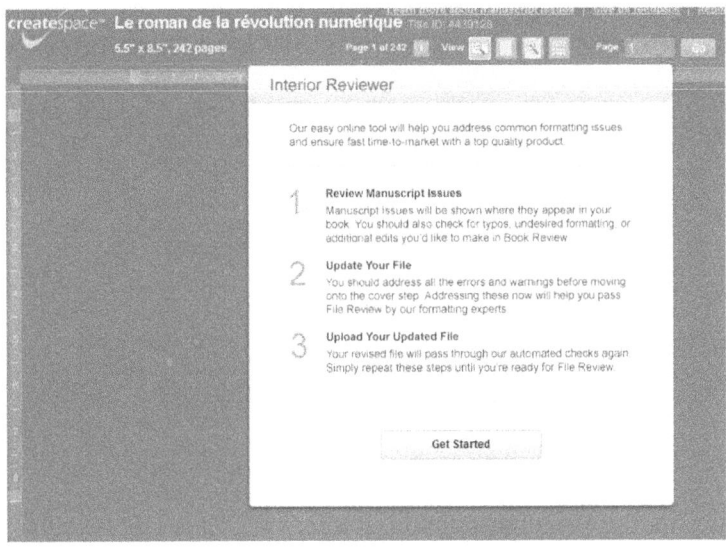

Ici le numéro des pages était positionné trop bas... Donc il fallut modifier... Il est également possible de changer... la taille du livre en cas de problème avec les marges. comme passer d'un 5'5 * 8' à 6' * 9' et Amazon gérera la différence de format (d'une manière correcte en plus !). C'est ainsi que j'ai pratiqué pour un livre dépassant les 500 pages pour lequel les marges "de pliage" doivent être plus élevées.

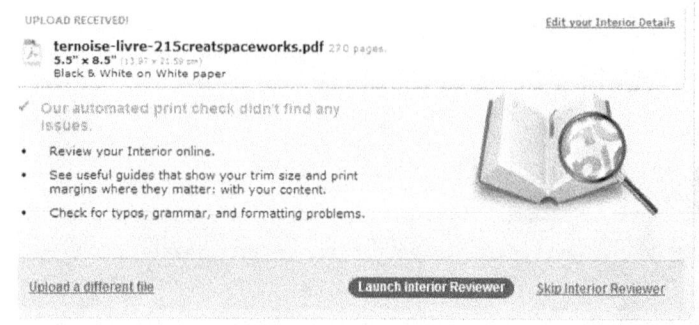

Ensuite, même principe pour la couverture. En PDF. Ajouter un fond perdu de 3,1 millimètres. Et calculer l'épaisseur du livre, grâce à une multiplication du nombre de pages par un coefficient.
Pour un livre imprimé en noir et blanc : épaisseur = nombre de pages * 0.002252, le résultat est en Inch, donc il convient de le multiplier par 2.54.
Pour un livre imprimé en couleur : épaisseur = nombre de pages * 0.002347, le résultat est en Inch, donc il convient de le multiplier par 2.54.

Ainsi la largeur d'un livre 5'5 * 8' sera de 0.31 + 13.97 + dos + 13.97 + 0.31, en centimètres.

Exemple d'une couverture :

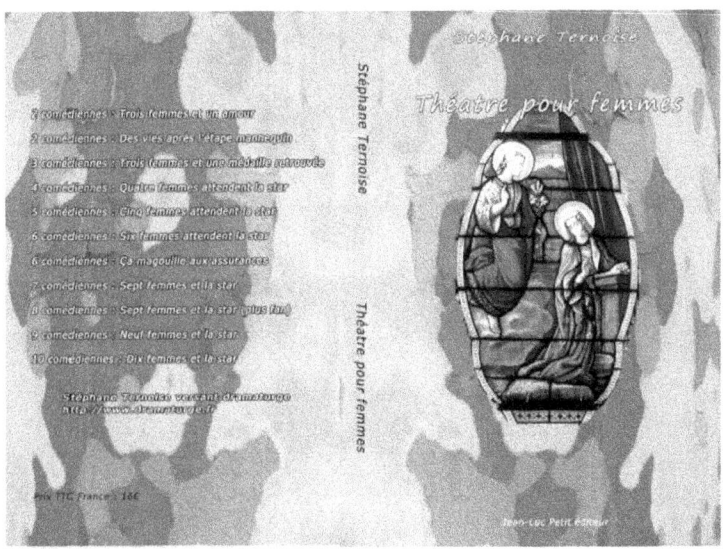

Ensuite, les "réseaux de distribution." Les options payantes sont naturellement à ne pas sélectionner. Qui plus est pour des livres en français. Le prix de vente (qui devra être noté sur la couverture donc vous pouvez vous "amuser" un peu avec les grilles de tests pour trouver votre prix avant de réaliser la couverture. En moyenne, il me revient un tiers du prix de la vente, ce qui est correct, sachant l'absence d'investissement et la prise en charge des frais d'envoi. Si vous êtes plus gourmand vous pouvez augmenter le prix de vente. Mais comme en numérique, je pratique le tarif très décent. Dernière grille, une description et le choix d'une rubrique... Où suivant votre sujet vous pouvez être amené à encore utiliser google translate. Validation. Et vous recevrez un message vous demandant une ultime validation ou des corrections environ 24 heures plus tard.

Quant à l'arrivée sur amazon.fr, le record fut 48 heures, le plus souvent une petite semaine. **Naturellement, pas de miracle : pour vendre il faut informer. Il est rare que le titre suffise !**

C - Comprendre le monde de l'édition

Il est nécessaire de comprendre le monde de l'édition pour aborder l'auto-édition avec des chances de "succès" !
Naturellement, l'utopie : "je publie sur Amazon et je suis riche" peut inciter certains à ne chercher que de bons plan ; des "futés" vendent même des guides pour devenir riche en écoulant des livres de merde (non, ils n'utilisent pas ce terme trop négatif mais, véridique, vous trouverez des guides pour cloner les succès, d'autres pour écrire des "bouquins" en quelques jours en compilant des sites...)

Désolé : n'escomptez pas pratiquer professionnellement l'auto-édition sur une longue période sans réelle connaissance de son environnement, politique, juridique et technique. Mais également de ses adversaires, de ses ennemis.

Oui, vous serez dénigré sans être lu, uniquement pour votre choix d'auto-édition. Votre choix ou votre absence de choix ! Je sais bien que parmi les auteurs auto-édités, 95% rêvent d'un "grand éditeur."

Certains rêves, le pire, c'est quand ils se réalisent ! On s'aperçoit qu'il s'agissait d'un cauchemar.

I) L'impasse de la concentration de l'édition en France

Le livre numérique arrive au bon moment : les maisons d'édition ne font plus rêver. Même l'*institution* Gallimard. Tout le monde, ou presque, connaît « les concentrations du secteur. »

1) Grasset, Fayard, Mille et une nuits, Stock, Lattès, Marabout, Mazarine, Pauvert, Le Masque, Calmann-Lévy, Editions 1, Editions des deux terres, Harlequin, Hachette illustré, Hachette Jeunesse / Deux Coqs d'or, Gautier Languereau, Le Chêne, Hazan, Hachette Pratique, EPA, Hachette Tourisme (Routard, Guides Bleus...), Pika, Albert-René. Et les autres. Ces maisons constituent Hachette Livre... groupe français d'édition, du groupe Lagardère.
Un chiffre d'affaires annuel supérieur à 2 milliards d'euros.
2 273 millions d'euros en 2009.
2 165 en 2010
2 038 en 2011
2 077 en 2012.

Un chiffre d'affaires en érosion lente et régulière ? Surtout un effet de la variation des ventes de Stephenie Meyer qui avait boosté le chiffre d'affaires en 2009 ! Donc éviter les conclusions hâtives : tout va bien pour Hachette !
En 2012 : 223 millions d'euros de résultat opérationnel malgré le paiement de 7 104 collaborateurs ! ("seulement" 2852 en France)

Commentaire très intéressant de l'activité 2011 par Arnaud Nourry, Président-Directeur Général de Hachette Livre :
« *Un des défis principaux de l'année consistait à sauvegarder les marges dégagées par les activités numériques pour que la rentabilité globale de Hachette Livre ne souffre pas de la contraction du chiffre d'affaires induit par les prix de vente des e-books (inférieurs de 30 % en moyenne à celui de leurs équivalents imprimés), alors que ceux-ci mordaient largement sur le marché des livres traditionnels.*

Le "découplage" entre le chiffre d'affaires et les marges en numérique a été effectué avec succès. »

Avec un prix inférieur de 30% pour l'ebook par rapport à la version en papier, Hachette conserve des marges appréciées des actionnaires. Les auteurs sourient ?

Le même en 2013 : « *Un des défis de 2012 était de continuer à contrôler le prix de vente public de nos e-books aux États-Unis et au Royaume-Uni de façon à protéger nos marges, malgré la pression exercée par les plates-formes de vente par Internet. Cette politique, pratiquée par tous les groupes d'édition internationaux, a été contestée par le Département américain de la Justice et par la Commission européenne, qui y ont vu une tentative d'entente sur les prix.*
Un accord à l'amiable a permis de mettre fin au contentieux.
Mais le principal défi de 2012 consistait à trouver le ou les titres susceptibles de prendre le relais de nos best-sellers internationaux de 2011, voire de la série Twilight. Le fait que J.K. Rowling, l'auteure de la saga Harry Potter, ait choisi de faire confiance à plusieurs éditeurs de la branche du Groupe atteste de la capacité de Hachette Livre à attirer les talents les plus réputés et à les publier avec succès sur plusieurs territoires majeurs.
En 2013, Hachette Livre devra continuer à optimiser le retour sur investissement de chaque titre publié, sans renoncer à la diversité éditoriale et à la prise de risque qui sont sa marque de fabrique. »
Les chiffres officiels (repris par l'état français) du nombre de titres édités par le groupe "peuvent inquiéter" les libraires dont les mètres carrés sont difficilement extensibles :
2008 : 6 494
2009 : 6 294
2010 : 6 932 ; la machine tourne à plein régime ! Presque 20 par jour. Quel libraire peut les accueillir toutes ?... Je notais alors.
2011 : 7 129.

La production éditoriale globale, également telle que reprise par le gouvernement français (source SNE)

2008 : 76205
2009 : 74788
2010 : 79308
2011 : 81 268

A noter qu'en 1995, avec les mêmes critères (le même tableau officiel), une production de "seulement" 43057.
2000 : 51877.
De 1995 à 2011, en quinze années, il s'agit donc presque d'un doublement de la production...

La confusion entre "livres édités" et nouveauté est fréquente. Car ces chiffres les plus utilisés représentent en réalité "les livres édités", soit "nouveautés" et "réimpressions."

Ainsi, l'état qui ne doit pas se tromper (même s'il préfère les chiffres du SNE alors que le dépôt légal lui permettrait d'englober l'auto-édition... et les éditeurs non membres du SNE... pour notre état il convient d'adhérer au SNE "pour être comptabilisé", pour compter ?)

1995 : 21 998 nouveautés 20 999 réimpressions
2008 : 38 334 nouveautés 37 850 réimpressions
2009 : 38 445 nouveautés 36 343 réimpressions
2010 : 39 830 nouveautés 39 285 réimpressions
2011 : 41 904 nouveautés 39 364 réimpressions

Pour 2012, http://www.hachette.com/chiffres-cles.html résume :
14 926 nouveautés
7 104 collaborateurs
2 077 millions d'euros de chiffre d'affaires
223 millions d'euros de résultat opérationnel

Naturellement, chez Lagardère, le poids des mots, le choc des photos, nouveautés signifie bien nouveautés, sans réimpression ?

14 926, au niveau mondial, puisque qu'ensuite les collaborateurs sont divisés par pays. Peu importe les possibles confusions, l'absence probable des chiffres d'un grand nombre de livres même d'éditeurs "traditionnels" mais insignifiants par rapports à Lagardère (non membres du SNE), l'auteur auto-édité ne doit pas se leurrer sur sa capacité d'action. Il n'est presque rien dans ce monde où certains ont les moyens d'ouvrir les portes médiatiques, quand ils n'en possèdent pas les clés ! (Europe 1, Paris-Match...)

2) Derrière Hachette Livre : Editis (une partie de ce cher ex Vivendi Universal Publishing, partagé entre le groupe Lagardère et Wendel Investissement, d'un certain Ernest-Antoine Seillière, après la chute de monsieur Jean-Marie Messier J13M, JMM Moi-Même Merveilleux Millionnaire Maître du Monde et Même des Musiciens et Mégalomanes Magiciens des Mots), racheté en 2008 par le groupe espagnol Planeta.
Par arrêt du 13 septembre 2010, Éditions Jacob/Commission, le Tribunal de la Cour Européenne de justice a invalidé la reprise agréée en 2004 par la Commission Européenne de 60 % des actifs de Vivendi Universal Publishing par Wendel Investissement.
Mais par un arrêt du 28 juin 2012, Commission/Éditions Odile Jacob, la Cour a annulé l'arrêt du Tribunal du 9 juin 2010, Éditions Jacob/Commission, et a rejeté le recours introduit devant le Tribunal visant à l'annulation de la décision de la Commission du 7 avril 2005.
Puis par l'arrêt du 28 juin 2012, Commission/Éditions Odile Jacob, la Cour a annulé l'arrêt du Tribunal du 9 juin 2010, Éditions Jacob/Commission, et a rejeté le recours introduit devant le Tribunal visant à l'annulation de la décision de la Commission du 7 avril 2005.

C'était un combat mené par l'éditeur Odile Jacob... qui avait essayé de racheter cette part. Éditions Odile Jacob SAS fut condamnée aux dépens le 6 novembre 2012.

Editis : Place des éditeurs, Presses de la cité, Solar, Belfond, Hors collection, Omnibus, Le Pré aux Clercs, Acropole, Hemma, Lipokili, Langue au chat, Pocket, Pocket Jeunesse, 10/18, Fleuve noir, Kurokawa, Langues pour tous, Le Cherche midi, First-Gründ, First Interactive, Le Dragon d'or, XO/Oh! Editions, Nathan, Le Robert... Chiffre d'affaires 2009 : 751 millions d'euros.

3) En 2009, Gallimard avec 243 millions d'euros, tout comme en 2011 avec 253 pointait derrière France-Loisirs, Media Participations, Groupe Lefebvre Sarrut, Flammarion, La Marinière.
Eh oui, Gallimard, malgré de belles marques (Gallimard bien sûr mais également Folio, La Pléiade, Denoël, Mercure de France, La Table ronde, P.O.L (87%), Joëlle Losfeld...) représentait à peine plus d'un dixième du secteur livres de Lagardère...

Et Flammarion (Flammarion, Arthaud, Autrement, Père Castor, Casterman, Fluide glacial...) boxait dans la même catégorie, vers 260.

Mais 243 + 263 : 506. 276 + 253 : 526. La barre des 500 millions d'euros est franchie pour "le Gallimard nouveau" avec le rachat, mi 2012, de Flammarion à l'italien RCS Mediagroup. Gallimard est devenu le numéro 3 en France. Certes, il ne représente encore qu'un quart du mastodonte Hachette et surtout ses positions dans le monde anglo-saxon restent marginales.
Et s'il doit apprécier de récupérer le *goncouré* Michel Houellebecq, le nutritionniste Pierre Dukan pourra sûrement, certaines années, se présenter comme la meilleure vente du groupe Gallimard.

Alors qu'Antoine Gallimard figure dans les grandes fortunes de France, mi 2013, il annonçait chercher un nouvel actionnaire pour Madrigall, holding derrière Gallimard, qui recevrait environ 10% contre 40 millions d'euros... Ainsi Antoine Gallimard, actuellement propriétaire de 60% du holding, garderait la majorité. Hé oui, il ne faut pas confondre la cassette du patron avec l'argent dans ses affaires !

4) France Loisirs, principal club de livres en France, jusqu'en mai 2011 filiale de l'allemand Bertelsmann, racheté par la société d'investissement américaine Najafi : 370 millions d'euros en 2009.
5) Media Participations, leader dans la bande dessinée (Dargaud, Dupuis ou Kana) : 319 millions.
6) Groupe Lefebvre Sarrut, Editions Législatives Francis Lefebvre, Dalloz, Juris Associations : 314 millions

De la même manière que dans la musique les majors avaient méthodiquement absorbé les labels indépendants pour parvenir à un paysage monolithique avec quatre grandes écuries aux productions proches, le monde de l'édition a connu sa concentration et ses batailles capitalistiques. Le paysage d'avant tsunami numérique n'avait pas grand-chose à voir avec l'exception culturelle tant glorifiée.
La dérive peut-elle durer ? Même chez les médiatisés certains se demandent si la concentration des maisons d'édition à la recherche d'une rentabilité toujours plus forte n'est pas un danger pour la diversité des catalogues...

Vous croyez qu'on ne peut plus dériver plus loin ?

« *Antoine Gallimard est convaincu que le marché de l'édition, confronté au défi du numérique, va se consolider dans les dix prochaines années. Il arme donc son groupe pour peser dans la transformation du secteur et notamment de ses circuits de distribution.* »
Alexandre Debouté, Le Figaro, 12 août 2013.
Les maisons qui rateront le passage au numérique seront récupérées par les mastodontes...

II) Qui sont les grands patrons ?

Selon challenges.fr, Antoine Gallimard (et sa famille) serait la 224ème fortune de France avec 160 millions d'euros en 2012.
Il est "naturellement" devancé par Arnaud Lagardère (et sa famille) au 170ème rang avec 345 millions d'euros.
Lagardère Arnaud ? On ne martèle pas (et il sait rester discret, simplement envoyer des satisfecit à Nourry Arnaud chargé de faire remonter du cash) qu'il est le véritable patron chez Grasset, Stock, Fayard et compagnie, le groupe Hachette Livre.
Francis Esménard (et sa famille) 296ème avec 115 millions d'euros, fondateur et patron d'Albin Michel (il en contrôle toujours les trois quarts).
Dans "la famille" d'Antoine Gallimard au sens de challenges.fr, ne figure pas "Isabelle et Robert Gallimard et Muriel Toso", *conglomérat* classé au 321ème rang des fortunes de France avec 100 millions d'euros tout rond. Le site du mensuel note "*Ces familles, actionnaires historiques et proches d'Antoine Gallimard, conservent 38 % de l'éditeur (CA : 253 millions).*"
Hervé de La Martinière, 472ème (encore 60 M€), président-fondateur (il en conserve 29 %) de La Martinière, qui a racheté le Seuil en 2004.
Jacques Glénat (et sa famille) 472ème fortune de France également. Il m'est inconnu mais il s'agit d'un grenoblois, à la tête de *Glénat Edition*, sûrement un pilier dans la BD (Chiffre d'Affaire 80 millions en 2012 avec 673 nouveautés).
Pierre Fabre les devance tous, au 54eme rang des fortunes françaises avec 800 millions d'euros. À la tête d'un mastodonte dans le domaine pharmaceutique, il semble s'intéresser aux discrets "vecteurs d'informations" : propriétaire de l'hebdomadaire "*Valeurs actuelles*", considéré très à droite et au capital (6%) de la *Dépêche*, éditeur de "*La Dépêche du Midi*"... qu'on dit très liée aux intérêts de Jean-Michel Baylet. Mais dans l'édition c'est surtout l'éditeur de François Hollande ("*Le rêve français : Discours et entretien (2009-2011)*") et Martin Malvy 2013 : « *Créées à Toulouse en 1839, les Éditions Privat restent*

une des très rares maisons d'édition françaises à rayonnement national à n'être pas située à Paris. Elles ont été achetées par les Laboratoires Pierre Fabre en 1995. » Pierre Fabre sponsorisait le rugby à Villeneuve-sur-Lot au temps du Cahuzac tout puissant... Il est mort fin juillet 2013, quelques heures après le suicide de Jack-Alain Léger.
Les "*Éditions médicales Pierre Fabre*", ayant par exemple publié "*Atlas proctologic*" de Roland Copé le 1er septembre 1994, ne semblent plus exister.

Travailler avec et pour ces millionnaires me dérangerait. Oui, quand on naît pauvre, on peut éprouver certaines retenues, sans même parler de lutte des classes. Aurélie Filippetti semble penser le contraire (elle écrit sur la lutte des classes mais aucun état d'âme visible à servir des lois aux installés, à part bien sûr Ernest Antoine Seillière) S'il n'y avait que l'argent, peut-être aurions-nous pu nous entendre. Mais il y a les méthodes.
Quelques phrases à opposer aux incompétents (dans le domaine de l'édition), toujours prompts à défendre l'édition nationale :
 « *Tout dépend de la maison d'édition dans laquelle vous êtes édité, et du travail fait en amont par les attachés de presse auprès des journalistes et des jurés littéraires.* » Alain Beuve-Méry.
 « *Les grands groupes publient, distribuent, vendent et font commenter favorablement les titres qu'ils produisent.* » Baptiste-Marrey.
 « *Il* [Jean-Marc Roberts] *n'est pas très fier de la manière dont, chaque automne, il magouille pour que ses auteurs obtiennent des prix.* » Jérôme Garcin.
 « *Les écrivains ne se nourrissent pas de viandes ou de poulet, mais exclusivement d'éloges* » résumait Henry de Montherlant... aurait-il opté pour l'indépendance en 2013, comme mon cher Stendhal auquel j'emprunte régulièrement « *l'homme d'esprit doit s'appliquer à acquérir ce qui lui est strictement nécessaire pour ne dépendre de personne* » ?
Louis-Ferdinand Céline exagérait sûrement avec « *Tous les éditeurs sont des charognes.* » Mais il fréquentait Gaston

Gallimard de la famille des péremptoires : « *Un auteur, un écrivain, le plus souvent n'est pas un homme. C'est une femme qu'il faut payer, tout en sachant qu'elle est toujours prête à s'offrir ailleurs. C'est une pute.* »

III) Les droits d'auteurs chez les "éditeurs du SNE"

Dans le document chiffres clés de l'édition, la voix officielle de l'édition en France, le SNE, nous accorde un chiffre essentiel : les droits d'auteur versés par les éditeurs. Avec même un historique. On pourrait être tenté de le comparer immédiatement au "chiffre d'affaire éditeur"

2006 : 470 millions d'euros
2007 : 485
2008 : 448
2009 : 424
2010 : 436
2011 : 427   chiffre d'affaire éditeur : 2804
2012 : 437   chiffre d'affaire éditeur : 2771

Ce qui donnerait 16% de droits d'auteur moyen !

Le gouvernement, dans ses chiffres clés de l'édition, reprenant ces données, précise au sujet du chiffre d'affaire : « *Ventes de livres, hors taxes et net des retours des éditeurs.* » Donc il s'agirait du prix de vente au distributeur ? Ainsi, une maison Hachette, vendant au distributeur Hachette, le chiffre d'affaire du distributeur devient invisible pour l'auteur ?
Ces chiffres ne sont donc pas satisfaisants pour se faire une réelle idée du poids de l'auteur dans le monde de l'édition.

Faut-il utiliser le chiffre d'affaires TTC ventes de détail (sorties de caisse) en France métropolitaine produits physiques et dématérialisés ? Livre : 4,13 milliards TTC (Dans un document du SNE "LES CHIFFRES CLÉS DE L'ÉDITION 2013, DONNÉES 2012"). Données fiables ? Estimation "Panel GfK." Drôle de pays où l'état contrôle tout dans certains secteurs et s'en remet au SNE, lui même déléguant à une société adepte du panel pour fournir des chiffres repris partout !
437 millions d'euros aux auteurs sur 4,13 milliards TTC ?

Impression d'un marché sous-évalué... ou alors des rémunérations passées en droits d'auteur, sans lien avec les ventes effectives ? De telles pratiques sont inconnues en France ?

« *Publication de livres que l'éditeur juge médiocres ou invendables mais qu'il surpaie à des auteurs disposant d'un pouvoir quelconque dans les médias...* »
Jack-Alain Léger, *Ma vie (titre provisoire)*

Autre ordre de grandeur :
2011 : 81 268 "livres édités", 470 millions d'euros versés.
5780 euros par livre édités. Naturellement, entre Amélie Nothomb et l'auteur d'un modeste livre, l'échelle des revenus doit être plus importante qu'entre le patron et l'ouvrier...

IV) Expliquer…

Expliquer la révolution numérique en marche dans le monde de l'édition m'est apparu indispensable : tellement de contrevérités assénées dans le but évident de maintenir les auteurs dans des écuries, tellement d'incompréhensions chez les écrivains perdus entre les multiples grandes déclarations des sommités, tellement de questions sur les sites…
Simplement expliquer : je ne suis pas le grand chef d'une coopérative ou association recrutant des auteurs en essayant de les persuader d'appartenir à cette voie du futur, je ne suis pas le patron d'une maison d'édition en quête du meilleur argumentaire pour maintenir ses privilèges, je ne suis même pas président d'un syndicat, pas même membre. Simplement expliquer : dans la droite ligne http://www.auto-edition.com balançant en l'an 2001 les formalités de l'auto-édition quand ce savoir relevait encore pour certains d'un lucratif commerce.

Des livres sur l'édition numérique sont déjà en vente. D'autres ne manqueront sûrement pas de déferler. J'ai même lu des présentations abracadabrantes : certains, édités par des éditeurs attachés au livre papier, prétendent révéler les secrets de la révolution numérique ! Quelle crédibilité pour ces auteurs qui ont d'abord cherché à séduire un éditeur ? Il est nécessaire que ce texte figure sur les plateformes où des lobbies tentent d'imposer un point de vue conforme à leurs intérêts. Et les informations gratuites sont pillées par des "faiseurs de livres."

V) Soyons l'offre légale et attractive...

Les "grands éditeurs" proposent des livres numériques presque au prix du papier, qui plus est des ebooks verrouillés par DRM.
Même quand les livres en papier sont publiés depuis des années et se trouvent en occasion de bonne qualité pour quelques centimes.

Entre le gratuit des livres du domaine public et le prix exorbitant des ebooks sortis des "grands éditeurs", l'espace existe.
Pour nous.
Emparons-nous de ce créneau de l'ebook à tarif décent. Même sans l'ambition de vendre un million d'exemplaires, même sans l'ambition de gagner 40 000 euros !
Combien d'écrivains n'ont presque rien à perdre car ne gagnent presque rien avec leurs livres publiés à compte d'éditeur (ne parlons même pas des livres publiés à compte d'auteur dont les rédacteurs ne manqueront pas de venir grossir les rangs du numérique) ?

Aucun écrivain ne devrait redouter cette opportunité historique : les créateurs devaient se contenter de 1 à 15% de droits d'auteur et peuvent désormais viser 60 à 95%. Même si les prix sont divisés par quatre, c'est encore intéressant.

Entre 10% et 70% de droits d'auteur, vous préférez 10%, vous ? Il faut aider les riches à maintenir leur standing ?

VI) Un combat

Les écrivains ont perdu le combat durant des décennies, faute d'avoir su utiliser l'auto-édition dans un système qui dénigrait facilement cette pratique, en se tenant par la barbichette avec les médias installés.
Internet, c'est la possibilité du combat !
Libraires, éditeurs, distributeurs, imprimeurs, ont suffisamment profité du travail des écrivains !
Il s'agit pour les auteurs de reconquérir les revenus de leur travail. N'ayons pas de scrupule, ne versons aucune larme quand des libraires gémissent sur l'imminente disparition de leur boutique et leur transfert à la case chômeurs ! Dans quelques années le bilan chiffré fournira le nombre de libraires disparus et le nombre d'écrivains ayant en même temps accédé à la professionnalisation. Tout écrivain peut légitimement prétendre à un statut d'écrivain pro.

VII) Le livre numérique en France aujourd'hui

Du marché de l'ebook au risque d'entente sur les prix...
Un risque d'entente sur des prix élevés entre les éditeurs ?

Début 2011, la Commission Européenne lança une enquête sur une possible entente sur les prix entre les éditeurs...

La Commission Européenne a ainsi mené, le 1er mars 2011, des perquisitions dans des maisons d'éditions de plusieurs pays.
Des maisons soupçonnées d'entente sur les prix des ebooks.
Recherche de preuves de pratiques anticoncurrentielles.
« *Les services de la concurrence ont mené mardi des inspections dans des maisons d'éditions de plusieurs pays de l'Union Européenne à cause de soupçons de pratiques anticoncurrentielles sur le prix des livres numériques...*
Nous ne nommons pas les maisons d'édition ni les pays, car nous ne sommes qu'au début de l'enquête. »
(Amelia Torres, porte-parole du commissaire à la Concurrence Joaquin Almunia)
Selon le site o1.net : Albin Michel, Hachette, Flammarion et Gallimard.

Francis Esménard, président d'*Albin Michel*, reconnaissait implicitement, en accusant Amazon :
« *Cette opération est téléguidée par Amazon. Ils se sont installés au Luxembourg pour ne pas payer la TVA en France et ils voudraient pouvoir vendre les livres à n'importe quel prix comme ils le font aux États-Unis, en proposant des best-sellers à 9,90 dollars.* »

9,90 dollars, c'est trop cher, je sais, mon cher monsieur, pour un simple fichier informatique !... Mais non, nous le savons bien, pour monsieur Esménard 20 euros serait préférable ! (6 euros pour Amazon, 1 pour l'État via la tva, 11 pour l'éditeur et quand même 2 pour l'écrivain ?)
Arnaud Nourry, de chez Hachette, résuma dont début 2013 : « *Un*

des défis de 2012 était de continuer à contrôler le prix de vente public de nos e-books aux États-Unis et au Royaume-Uni de façon à protéger nos marges, malgré la pression exercée par les plates-formes de vente par Internet. Cette politique, pratiquée par tous les groupes d'édition internationaux, a été contestée par le Département américain de la Justice et par la Commission européenne, qui y ont vu une tentative d'entente sur les prix.
Un accord à l'amiable a permis de mettre fin au contentieux. »

Pour l'Europe, Simon & Schuster (CBS Corp, États-Unis), Harper Collins (News Corp, États-Unis), Hachette Livre (Lagardère Publishing, France) et Verlagsgruppe Georg von Holtzbrinck (propriétaire de MacMillan, Allemagne) se sont engagés à renoncer aux clauses qui empêchaient la concurrence sur le prix des livres électroniques... dans les pays où le prix n'est pas réglementé.

Le cœur du problème n'est pas le prix des ebooks mais leur contrôle du marché du livre en papier. Qui sera assez puissant pour demander au parlement français et à l'union européenne de se pencher sur l'absence dans les 25 000 points de vente du livre papier des véritables indépendants ? (les faux indépendants passent par les majors du bouquin)

Niveau chiffres :

> Le livre numérique n'est pas encore un marché significatif en France (30 à 40 millions €, soit 1 % du chiffre d'affaires de l'édition, essentiellement sur support physique de type CD/DVD)
> http://www.sne.fr/informations/livre-electronique-03-09.html
> 13 mars 2009.

Ce qui ne fournit donc pas le chiffre des ventes d'ebooks ! Mais permet de déduire la minceur de ce marché.

Dans *culture prospective* : "*Modèles économiques d'un marché naissant : le livre numérique"* de Françoise Benhamou et Olivia Guillon, un document du ministère de la Culture de mai 2010 :

« Alors que le marché du livre numérique est encore balbutiant en France et représente moins de 1% du chiffre d'affaires des éditeurs, les stratégies commerciales mises en œuvre par les acteurs traditionnels de la chaîne du livre et par de nouveaux entrants permettent d'esquisser différentes configurations des marchés du livre numérique. La dématérialisation induit des mutations qui auront des conséquences sur l'ensemble de la filière : disparition et apparition d'acteurs, perte, création et déplacement de valeur, restructuration industrielle.
Les enjeux de marché, soumis à certaines contraintes techniques comme celle de l'interopérabilité entre normes de fichiers et matériels de lecture, dépendent aussi du maintien ou de l'évolution de la législation régissant le commerce du livre en France : droits de propriété intellectuelle, fiscalité, mode de fixation du prix. »
http://www2.culture.gouv.fr/culture/deps/2008/pdf/cp-livrenumerique-2010-2.pdf

« *Aujourd'hui, le marché du livre représente 5 milliards. C'est loin d'être anecdotique. Avec la révolution numérique, nous sommes face à un trou législatif. Aux États-Unis, le livre numérique représente 10 % du marché, contre 2 % chez nous.* »
David Assouline, vice-Président de la commission de la culture, de l'éducation et de la communication, membre du groupe Socialiste, au Sénat, le 29 mars 2011.
http://www.senat.fr/cra/s20110329/s20110329_21.html

Quant à M. Serge Lagauche, sénateur du Val-de-Marne, vice-Président de la commission de la culture, de l'éducation et de la communication, membre du groupe Socialiste, le même jour au même endroit, il lançait les chiffres du futur : « *Le marché du livre numérique devrait représenter 17 % du marché mondial de l'édition d'ici 2014. Ceux qui ne lisent qu'un livre par an auront basculé vers le livre numérique.* »
Quant à l'étude Bain et company, d'octobre 2010, elle évoque un

chiffre de 15 % à 25 % du chiffre d'affaires de l'édition en 2015 pour le numérique.

Lors de l'assemblée générale du Syndicat national de l'édition en 2011, Antoine Gallimard avait présenté les chiffres de l'année écoulée « *la vente des livres numériques, si elle progresse en 2010, reste marginale* » : 1,8 % « *du chiffre d'affaires total de l'activité, pour un montant de 54 millions d'euros, hors applications ou licences* ».
1,8 % est un chiffre dérisoire ? Sur un marché où les ventes réelles démarrent seulement, sans Kindle... c'était déjà énorme ! Oui, il existe une fenêtre où entrer, où installer son modèle économique viable.
Selon le SNE, seulement 3% en 2012... mais ce sont les chiffres du SNE ! Pour les indépendants, comme moi, c'est plus proche du 50% ! Mais je suis privé des 25 000 points de vente du papier, tenus par les installés.

VIII) Etude sur le livre numérique réalisée par le Bief

Le Bief, il s'agit du *Bureau international de l'édition française*, un organisme chargé de promouvoir l'édition nationale à l'étranger.
Une enquête, auprès des professionnels du livre, de Londres à Munich, en passant par Barcelone, New York, Milan, Madrid, Sao Paulo et même Tokyo, afin d'analyser le nouveau marché de l'ebook. Il s'agissait peut-être de rassurer nos grands et bons éditeurs ! Avec une étude intitulée : *Les achats et ventes de droits de livres numériques : panorama de pratiques internationales*, dévoilée le lundi 7 mars 2011.

Un peu partout, ça s'annonce mal pour les écrivains : les droits numériques ressemblent de plus en plus aux droits papier.
Ainsi, les droits numériques sont désormais acquis en même temps que les droits papier, dans les contrats d'édition (ce n'est guère surprenant).

Le taux moyen des droits d'auteur est intéressant : 25% du revenu net de l'éditeur. Pas d'euphorie à ce « 25% » : l'éditeur gagne quatre fois plus que l'écrivain ; ce n'est pas 25% de droits d'auteur.
Imaginez donc : si la vente est au tarif décent de 5 euros TTC, soit 4.18 HT en 2011 avec la TVA à 19.6%, sur un site prenant 40% de marge, l'éditeur recevait 2.51 euros et reversait à l'auteur un quart de cette somme, soit 63 centimes. Soit 13%.
Avec une TVA à 5.5% : 4.74 HT... 71 centimes pour l'auteur... soit 14% du prix de vente... Ceux qui gagnaient le plus avec une TVA élevée ne se sont pas souciés d'accorder la manne publique au plus pauvre...

On comprend donc que pour parvenir à des droits d'auteur quand même moins ridicules, ces éditeurs ne voient qu'une solution : imposer un prix de vente élevé.

Au sujet de la décote par rapport au prix du livre imprimé, le Bief fournit des chiffres : 20 % en Allemagne, 30 % en Espagne, 30 à 40 % en Italie, 20 à 30 % au Japon, 10 à 30 % au Brésil, jusqu'à 50 % aux États-Unis.

En France, le SNE est clair, c'est presque une recommandation : aucune raison que l'ebook soit moins cher que le livre papier.

IX) Les installés, subventionnés... à déboulonner

L'État s'enorgueillit de subventionner la Culture. Certains ont donc essayé d'accaparer les subventions, auréolés du drapeau de la Culture.
Des écrivains parviennent même à grappiller une part du gâteau... Pas vous ?

Le puissant SNE

Le grand public connaît surtout le SNE ès qualité d'organisateur du Salon du livre de Paris. Quand on sait qui est le SNE, on comprend aisément pourquoi les écrivains indépendants ne sont pas les bienvenus Porte de Versailles... où l'ebook reste présenté de manière caricaturale. Logique ! Mais il faudrait l'expliquer aux médias !

Le Syndicat national de l'édition est une organisation professionnelle des entreprises d'édition. Qu'elle défende les intérêts des éditeurs membres est donc logique ! Elle fut présidée jusqu'en 2012 par Antoine Gallimard (successeur Vincent Montagne ; peu importe l'homme dont le nom est sur le carton... un jour ce sera une femme...).
En chiffre 2011 : « *près de 575 maisons d'édition, représentant la majeure partie du chiffre d'affaires de l'édition française, qui dépasse 2 829 millions d'euros en 2009.* »
2013 : « *avec plus de 670 membres, le SNE défend l'idée que l'action collective permet de construire l'avenir de l'édition.* »
Chiffre d'affaire non vu. En l'an 2000 j'écrivais déjà « *l'auto-édition est l'avenir de l'édition.* »

Ainsi, quand le législateur prétend se préoccuper des écrivains en discutant avec le SNE, ce ne sont pas les intérêts des auteurs qui sont défendus ! Même si au SNE on semble croire qu'un plumitif ne peut pas vivre sans maître.

Au niveau national, des relations étroites se sont naturellement instaurées entre l'édition et le ministère de la Culture et de la Communication, plus particulièrement la Direction du Livre et de la Lecture (DLL), qui est en quelque sorte le gardien des textes législatifs et réglementaires régissant l'activité du livre. À l'échelon local, les Directions régionales des Affaires culturelles (DRAC) sont les relais de l'action du ministère, notamment en direction des petites structures éditoriales.
http://www.sne.fr/sne/mission.html

L'ebook selon le SNE...

Il existe un document quasi surréaliste. Mais c'est ainsi qu'on pense au SNE.
http://www.sne.fr/informations/livre-electronique-03-09.html

Il s'agit d'un texte intitulé « Le livre numérique : idées reçues et propositions », diffusé au salon du livre de Paris, lors des Assises professionnelles du livre, organisées par le SNE, le 17 mars 2009. Je résume :

> Essayons de convaincre :
> un livre numérique
> doit coûter plus cher qu'un livre papier !

Ainsi le SNE égraine des arguments pour combattre l'idée qu'un livre numérique doive coûter moins cher qu'un livre papier !
Il prétend même qu'un ebook « *coûte au moins autant à produire qu'un livre papier.* »

Admirons le sophisme : étant convenu : les dix euros d'un livre-papier vendu se répartissent de la manière suivante : 1 € pour l'auteur, 1,50 € pour l'éditeur, 1,50 € pour l'imprimeur, 1,70 € pour le diffuseur et le distributeur, 3,80 € pour le libraire, 0,50 € pour l'État (TVA).
Le SNE précise néanmoins : « *ce sont, à part la TVA, des chiffres*

moyens, qui peuvent varier. » La part de l'imprimeur semble surévaluée : après 2000 exemplaires, le coût de l'impression tombe le plus souvent à moins de 10% du prix du livre. Mais il est vrai que ces éditeurs subissent un nombre d'invendus conséquent, dont les frais même de destruction sont sûrement reportés dans la case « imprimeur. »
Et c'est parti pour la version ebook selon le SNE : « *L'auteur touche toujours autant, et aimerait bien davantage...* » (ne rêvez pas : *autant* doit se comprendre en pourcentage)
Certes « *il n'y a plus d'imprimeur ni de frais de logistique liés au papier (transport et stockage).* »
Mais l'éditeur aura « *de nouveaux coûts* », et on découvre là une liste à la Prévert : « *coûts de conversion des fichiers (voire de numérisation s'il s'agit de livres plus anciens), coûts de stockage des fichiers, coûts de sécurisation des fichiers, frais juridiques liés à l'adaptation des contrats d'édition et à la défense contre le piratage, etc.* »
Y'a même pas le coût de l'ordinateur !
Coût de conversion des fichiers, de word en PDF ? (les éditeurs connaissent pourtant la procédure : ils fournissent aux imprimeurs des documents PDF)
Qu'y a-t-il de choquant, finalement, quand on est le syndicat des éditeurs, à vouloir donner la part de l'imprimeur et celle des transporteurs à l'éditeur ?

Mais ce n'est pas tout : « *vendre des livres numériques ne se fait pas tout seul : cela nécessite un diffuseur-distributeur (« e-distributeur » pour reprendre la terminologie de Gallica2) et des sites de vente en ligne des livres (« e-librairies »).* »

M. David Assouline, le 29 mars 2011, lors du débat sur le prix unique du livre numérique au Sénat :
« *Il est incompréhensible que les éditeurs nous disent que, s'il y a une économie de coût, les auteurs n'ont pas à bénéficier d'une rémunération digne et équitable ! Là où le marché du livre numérique s'impose, les économies sont importantes : les auteurs*

doivent pouvoir bénéficier d'une rémunération juste et équitable. Un rapport est une bien faible réponse. »
Quelques instants plus tard à la même tribune :
« Quand je vois les éditeurs s'insurger contre une petite phrase sur « la rémunération juste et équitable des auteurs », je me dis que les masques tombent. Il n'y aurait pourtant pas de livres sans auteurs, pas de création sans créateurs. Des dizaines de milliers d'auteurs sont dans l'impossibilité de vivre de leur travail.
Avec le numérique, nombre de coûts vont être atténués, du papier à l'imprimerie et au stockage, on pourrait donc se préoccuper enfin des auteurs. Et on nous dit « Oh non, surtout pas » ! Nous ne pouvons rester les bras ballants face à cela.
À l'heure actuelle, 55 % de coût du livre représente la distribution, 15 % l'impression, 20 % l'éditeur et 10 % l'auteur. Avec le livre numérique, l'éditeur touchera sept fois plus que l'auteur !
Je n'ai donc pas compris que les députés aient pu céder sur ce point. Les éditeurs japonais, américains, canadiens m'ont dit la même chose : le numérique réduit de 40 % les coûts d'édition. »
http://www.senat.fr/cra/s20110329/s20110329_21.html

Pourtant le SNE pose la bonne question : « *pourquoi ne pas pratiquer la vente directe ?* »
Mais la réponse fuse, péremptoire : « *Ce serait méconnaître l'importance stratégique que revêt la librairie de qualité pour tous les éditeurs.* » Pas certain que les éditeurs le pensent vraiment mais face au tsunami possible du numérique, prétendre que nous sommes tous dans le même bateau ! Quel rôle ont les libraires dans les ventes de Pierre Dukan ou Marc Levy ? À part déposer les pavés sur la table la plus visible ?

Oh ! Le mythe de la librairie de qualité ! « *3 500 libraires indépendants ont survécu…* » (*Frédéric Mitterrand*)

Bref, ces nouveaux coûts « *compensent peu ou prou* » ceux de l'imprimeur.
Et comme nous n'étions toujours pas en 2013, le passage d'une

TVA de 5,5 % à 19,6 % entraînait « *un surcoût de 14 % du livre numérique !* » (mais la baisse de la TVA n'a rien changé à leur mépris des écrivains)
Les internautes exigent du moins cher, le SNE ne peut l'ignorer :
« *Non seulement annoncer que le prix du livre numérique devra être inférieur de 30 % à celui de papier est dangereux pour le développement du marché numérique, mais il l'est aussi pour le livre papier, dont on ne comprendra plus qu'il soit à payer au juste prix : c'est tout l'édifice de la loi sur le prix unique qui risque d'être remis en cause.* »

Hé oui, cher SNE, votre système doit s'écrouler ! Pour que vivent dignement plus d'écrivains. Le livre papier a trouvé un concurrent nettement moins cher, il ne lui reste plus qu'à se montrer plus pratique.

Mais ce n'est pas fini, le SNE s'attaque à toutes les « *idées reçues.* » Vient ensuite : « *Le livre numérique va remplacer le livre papier.* »

Réponse :
« *Pas de fatalisme de notre part. Le livre numérique est pour les éditeurs une formidable opportunité de créer un nouveau marché et de toucher de nouveaux publics. L'édition est en train de devenir une industrie multi-supports : livre papier et livre numérique vont coexister. Une partie du marché du livre papier va diminuer, mais elle sera compensée par la création de nouveaux marchés. L'arrivée d'un nouveau média ne détruit pas forcément les anciens, il crée de nouveaux usages, souvent complémentaires des anciens : la télévision n'a pas détruit la radio, etc.* »
Essayez de comprendre qu'au niveau du livre, ce n'est pas un nouveau média mais une nouvelle approche : un autre support pour le même contenu.
Le numérique permet naturellement d'autres utilisations qu'un livre mais là n'est pas notre sujet : nous sommes simplement dans

un secteur confronté à l'arrivée d'un nouveau support pour nos écrits.
Résumons l'idéal probable du SNE : les anciens lecteurs continuent à acheter du papier très cher et le numérique permet d'accroître le marché.

Comme au SNE remontent sûrement les inquiétudes des éditeurs, il répond aussi à : « *en devenant numérique, le livre va fatalement être piraté, comme le disque et la vidéo.* »

Qui a osé prendre l'initiative d'écrire :
« *Dans l'univers d'Internet s'est installé le mythe de gratuité de l'accès aux contenus intellectuels : la musique et la vidéo en ont déjà fait les frais, perdant l'un la moitié, l'autre le quart de son marché. Idée faussement généreuse voire dangereuse car elle risque d'entraîner un appauvrissement de la qualité et de la diversité des contenus, dont les éditeurs sont les garants, voire le retour à un système pris en charge par l'État.* »
Les éditeurs autoproclamés garants de la diversité des contenus !
Il fallait oser ! Ils osent. Lagardère garant de la diversité !
Alors, camarades, il est urgent de « *lutter contre la prolifération du piratage* » et pour cela, tout le monde doit s'y mettre, « *fournisseurs de contenus, télécoms, fournisseurs d'accès à Internet, moteurs de recherche et bibliothèques numériques.* »
Tous ensemble pour sauver les bons soldats du SNE !
Mais le monde est peuplé de méchants : « *certains de ces acteurs, dont les visées monopolistiques et hégémoniques sont claires, renversent le principe du droit d'auteur pour promouvoir leurs propres intérêts et générer d'importants revenus publicitaires à partir des contenus des éditeurs.* »
Aucun groupe d'édition en France n'a de « *visées monopolistiques et hégémoniques ?* »
Alors, l'appel aux fondamentaux du droit d'auteur, « *qui fait partie des droits de l'Homme hérités du Siècle des Lumières.* »
Et ce droit d'auteur « *rémunère le travail des auteurs et de leurs éditeurs.* »

Oui... mais ce n'est pas le problème, chers gens du SNE ! Surtout que la suite est fracassante, l'humanité court à sa perte si les profiteurs des écrivains disparaissent : « *N'y a-t-il pas là une extraordinaire régression démocratique à refuser de rémunérer le travail intellectuel, à refuser de rémunérer l'œuvre de l'esprit, alors qu'on accepte de payer pour des biens matériels ou des services ?* »

Quand 90% des revenus consécutifs au travail d'un écrivain s'évaporent, vous considérez le travail intellectuel justement rémunéré ? Vous participez à la domination d'un système injuste, nous devons donc vous renverser.

Il est du devoir des écrivains d'élaborer un modèle économique équitable, qui rémunère correctement leur travail intellectuel, sans restreindre l'accès des œuvres par un tarif exorbitant.

Vient ensuite un domaine qui nous concerne vraiment mais une affirmation combattue par le SNE : « *On pourra se passer d'éditeur à l'ère du numérique.* »

Et contre cette *utopie*, ils sortent un exemple fracassant : Stephen King. Explications : « *Stephen King a tenté l'expérience de vendre directement ses livres en ligne. Devant l'échec complet de sa tentative, il est revenu vers son éditeur...* » Vous voyez bien que c'est impossible, Stephen King a échoué ! Mais pas en 2011 ! Il a essayé trop tôt ! Avant le Kindle et l'Ipad.

D'ailleurs : « *Cette idée reçue provient d'une méconnaissance du métier et de la valeur ajoutée de l'éditeur.* »

Et si on parlait plutôt d'Amanda Hocking ? Elle est du même pays que Stephen King, les États-Unis, mais elle n'a que 26 ans (contre 63 pour son aîné) et a vendu 900 000 livres en moins d'un an... Devenue millionnaire sans éditeur, en distribuant sur Amazon et quelques autres web plateformes. Sans éditeur, en auto-édition donc, avec des livres vendus de 0,99 à 2,99 dollars. Mais contrairement au modèle du SNE, 70% du prix payé par les internautes lui revient.

Néanmoins, la grande vérité selon le SNE : « *Plutôt discret et en retrait derrière ses auteurs, l'éditeur a pourtant un rôle crucial : il sélectionne et « labellise » les œuvres en les intégrant dans un catalogue, un fonds, une marque reconnus par les lecteurs ; il apporte une contribution intellectuelle (« création éditoriale ») importante ; enfin il s'engage à exploiter commercialement les œuvres de manière continue (vente de livres, de droits dérivés, etc.).* »

Qui y croit, quand Loana est labellisée Pauvert ! Pauvert l'éditeur de Sade, Apollinaire, Georges Bataille, André Breton, René Crevel, Tristan Tzara, Boris Vian... Certes Pauvert devenu une filiale des éditions Fayard. Albin Michel aurait tant aimé éditer l'icône de la télé réalité !

Vous souhaitez revêtir le label de la filiale livres de Lagardère ? Ce n'est pas le LABEL éditeur que visent les écrivains mais le réseau de distribution et médiatisation. **C'est en contrôlant ces réseaux de distribution et médiatisation, que les éditeurs furent indéboulonnables durant des décennies.**

Autre « *idée reçue* » combattue : « *On pourra se passer de libraire à l'ère du numérique.* »

Alors le beau blabla habituel : « *L'existence en France d'un vaste réseau de librairies indépendantes, qui s'est globalement maintenu grâce à la loi sur le prix unique du livre, est déterminante pour la diversité et la qualité de la production éditoriale.* » Tu parles, Charles ! Grâce aux subventions des Conseils Régionaux aussi. Des libraires qui ouvrent les cartons et placent aux tables d'honneur les livres vus à la télé ! Et maugréent contre les marges accordées par les éditeurs à la grande distribution. Je crois pourtant qu'il sera difficile de vendre des milliers d'ebooks sans passer par les sites de ventes massives. Être présent "partout" où il se vend du livre numérique doit figurer dans nos objectifs. autodiffusion.fr, pourtant l'adresse idéale de l'autodiffusion, génère des ventes marginales. Les internautes, malgré leur propos quand vous les croisez, sont rassurés par des sites ancrés dans leur tête...

Et nous sommes prévenus : « *Le SNE est mobilisé pour aider la librairie indépendante à trouver toute sa place sur le marché émergent du livre numérique.* » Sauvons les libraires alliés des éditeurs, sur le dos des écrivains.

Ensuite, place aux « *propositions pour créer une offre de livres numériques de qualité.* »
Pour la TVA à 5,5, nous sommes forcément d'accord. Mais revient le soutien aux librairies, qu'ils semblaient disposés à subventionner (vous voyez où fond l'argent de la culture).
Je ne résiste pas, je reprends encore deux phrases, c'est tellement caricatural : « *Il faut aider les librairies de qualité à entrer sur le marché du numérique, en créant un ou plusieurs portails de vente en ligne de livres non seulement papier, mais aussi numériques. C'est la condition sine qua non du maintien de la diversité culturelle.* »
Sur la lutte contre le piratage, défilent les arguments classiques, contre l'ebook gratuit.

À aucun moment n'apparait la possibilité d'un autre modèle économique. Ils veulent que le numérique se plie à leur vieux système, un monde figé. Ils défendent leur profession, ce n'est pas un scandale. Mais qu'on arrête de prétendre ce SNE habilité à parler au nom des écrivains.

Le CNL, Centre National du Livre

Le Centre national du Livre est, selon la dénomination officielle, un établissement public à caractère administratif placé sous la tutelle du ministère de la Culture.
Le CNL se présente comme le soutien financier de l'ensemble de la chaîne du livre : auteurs, éditeurs, libraires, bibliothèques.
Il est bien écrit "*les auteurs*" mais il semble préférable de comprendre "certains auteurs."
La partie "les Aides aux auteurs" du site http://www.centrenationaldulivre.fr précise que les auteurs d'expression française devront attester d'un caractère

professionnel... qui s'obtient, selon le CNL, « *par des publications à compte d'éditeur.* » L'indépendance ne doit pas exister en France ?

Ainsi, un auteur éditeur indépendant, même s'il vit difficilement de sa plume, n'aura pas droit aux bourses alors qu'un notable parvenu à "être édité" peut y prétendre, même si ses ventes plafonnent à trente-huit livres (selon les chiffres publiés dans la presse, madame Christine Boutin n'aurait pas dépassé cette barre avec « *qu'est-ce que le parti Chrétien-Démocrate ?* », publié par l'*Archipel*).

De nombreuses bourses allèchent les écrivains et certain(e)s remplissent efficacement les dossiers : la Bourse Cioran (12 000 euros), des bourses d'écriture dont l'objectif est de « *permettre à un auteur de dégager du temps libre pour mener à bien un projet d'écriture* » (on a le droit de sourire... effectivement tout artiste se bat contre le temps pour gagner des heures utiles), des crédits de préparation (« *participation au financement de frais occasionnés par un projet d'écriture* » ; suffisamment vague pour permettre de nombreuses appréciations), des crédits de résidence (pour des écrivains accueillis dans des résidences... ce qui n'est peut-être pas très utile pour un auteur mais lui permet parfois de connaître du pays et collectionner des aventures pas forcément littéraires).

Les aides aux éditeurs sont encore plus nombreuses !
Le CNL souhaite « *contribuer au maintien et au développement de l'édition d'ouvrages de qualité et de vente lente en langue française.*
Tout éditeur en langue française, quel que soit son statut juridique, peut bénéficier d'une aide.
L'édition à compte d'auteur est exclue du champ des aides. »

Sur le papier l'auteur éditeur n'est pas exclu. Je n'ai jamais obtenu d'aide du CNL. Ni d'ailleurs, il est peut-être inutile de le préciser. Je suis pourtant en ventes très lentes ! Ou est-ce un problème de qualité ? Ils lisent les livres avant subventions ?

Il existe les subventions pour la publication (qui accompagne, naturellement « *la prise de risque économique d'un éditeur en faveur d'une production éditoriale de qualité* »), les subventions pour la traduction en français d'ouvrages étrangers, les subventions à la création et au développement de sites collectifs d'éditeurs et de libraires (l'idée que des auteurs créent un site individuel professionnel ne les a sûrement pas effleurés), les subventions exceptionnelles à la réimpression, les subventions pour la création d'une édition multimédia ou d'un projet numérique innovant (pour « *les éditeurs qui souhaitent réaliser une édition multimédia ou un site compagnon ou un projet innovant de diffusion numérique* » ; un "site compagnon", formule d'un poète subventionné par le CNL ?), les subventions pour la numérisation rétrospective et la diffusion numérique de documents sous droits, les subventions pour la préparation de projets collectifs lourds, les subventions pour la prise en charge des coûts iconographiques, les subventions pour la traduction d'ouvrages français en langues étrangères, les subventions pour projets d'édition numérique (pour « *les éditeurs qui souhaitent numériser des ouvrages de fonds, en vue de proposer à titre payant des contenus en ligne ou sur d'autres supports numériques* » ; il coule à flots, le fric pour le numérique de certains !)

Et si les subventions ne suffisent pas, les éditeurs peuvent demander des prêts : prêts à la publication d'ouvrages, un prêt à taux zéro « *destinée à constituer un apport en trésorerie à un éditeur* » et des prêts économiques aux entreprises d'édition dont le taux n'est pas signalé mais destiné à « *accompagner le développement et favoriser la pérennisation des éditeurs indépendants.* » Le CNL semble tenir pour les éditeurs un rôle similaire à celui de l'Europe pour les agriculteurs.

Alors, pour décider de ces subventions, il existe naturellement de nombreuses commissions.

C'est un pouvoir dans la littérature.

La présentation officielle :
« *Réparties par discipline, les commissions sont composées de plus de 200 spécialistes indépendants nommés pour trois ans par le Ministre chargé de la culture, sur proposition du Président du Centre national du livre.* »
Je n'ai donc aucune chance de figurer dans l'une de ces commissions : ne connaissant ni le Président du Centre national du livre ni notre Ministre prétendu(e) de la culture ; qui plus est, aucun temps à perdre, même et surtout dans la gestion de « relations utiles. »
De nombreuses professions représentées : « *écrivains, universitaires, journalistes, chercheurs, artistes, traducteurs, critiques, éditeurs, libraires, conservateurs, animateurs de la vie littéraire.* » (non, il ne s'agit pas de l'appel de Coluche lors de sa candidature présidentielle)
Et ces gens travaillent, enfin pré-subventionnent, ils « *se réunissent généralement trois fois par an pour étudier les demandes de subventions, de prêts ou de bourses et donner au Président du CNL un avis sur l'attribution des aides.* »
On comprend que ces gens-là ne souhaitent pas que leur pouvoir soit remis en cause par un appel à moins de concurrence déloyale entre les écrivains et éditeurs subventionnés et les autres. J'ai créé en 2005 http://www.nonauxsubventions.com pour dénoncer cette culture subventionnée qui asphyxie les initiatives individuelles.

Je ne lis pas toutes les péripéties du CNL. Quelque part, ça ne me concerne pas. Quand j'avais un rôle plus médiatique, avec http://www.lewebzinegratuit.com, j'avais repris un numéro consacré à l'édition, de *Lire*, en mars 2005, où Daniel Garcia signait un article intitulé « *Ces auteurs qui vivent de l'argent public.* »
Un extrait très significatif :
« *En 2004, 307 [bourses aux auteurs] ont été allouées pour un montant total de 2,9 millions d'euros. C'est à la fois peu et beaucoup. Ces bourses, en effet, ne constituent ni une aide sociale, ni une substitution de droits d'auteur, ni une quelconque*

récompense. Elles sont destinées à « permettre de souffler » à des auteurs qui ont fait leur preuve - et ont un métier à côté. Sauf que ce beau principe a été dévoyé dans les faits. Votées par des commissions spécialisées par disciplines (poésie, romans, sciences humaines et sociales, etc.) qui réunissent une vingtaine de membres (eux-mêmes auteurs), ces bourses ont fini par échapper à tout contrôle. En 1996, un rapport confidentiel de la Cour des comptes avait déjà épinglé un manque de transparence flagrant dans leur attribution. Verdict confirmé par un audit privé, lui aussi confidentiel, commandité par Eric Gross au début 2004. Il y avait donc urgence à remettre de l'ordre dans un système accaparé par des apparatchiks de l'intermittence littéraire. »

Pourquoi ne pas insister ? Un autre extrait. Que Daniel Garcia en soit remercié : « *l'argent du contribuable doit-il encourager la paresse ? Servir d'ascenseur à la médiocrité ? Rimbaud aurait-il exigé d'être subventionné ? Rappelons que Julien Gracq, dont le premier livre, Au château d'Argol, paru en 1938, s'était royalement vendu à 300 exemplaires l'année de sa sortie, a travaillé jusqu'à l'âge de la retraite pour se préserver des contingences financières. Ce qui ne l'a pas empêché de produire l'œuvre que l'on sait, sans jamais rien réclamer.* »

Aucun changement fondamental de 1996 à 2005. Pourquoi y en aurait-il en 2011 ?

2013 : le microcosme des subventionnés reste un pouvoir littéraire. Il existe donc des spécialistes de la chasse aux bourses, subventions, aides et avantages divers. Marie N'Diaye n'hésite pas à dénigrer la France, elle n'ira sûrement plus se servir à ces mangeoires grâce à son prix Goncourt mais elle aurait pu ne pas oublier avoir bénéficié d'un séjour de presque un an à la Villa Médicis de Rome (avec 3200 euros mensuels d'argent de poche) et de la bourse Jean Gattégno, notée, sur le site du CNL, de 50 000 euros.

Désormais les bourses sont attribuées sur des critères objectifs, sans copinage ni retour d'ascenseur ? Vous y croyez ?

Le budget et les listes des subventionnés du *Centre National du Livre* sont communiquées... mais il faut fouiner pour les trouver...

En 2011, le budget du CNL était de 45,55 millions d'euros et 187 créateurs littéraires se sont partagés 1 613 500 euros. Donc silence les auteurs, comme ces 187 élus vous pouvez manger au râtelier des aides...

45,55 millions d'euros ! « *Ces recettes proviennent à 79 % de deux taxes, soit 36,06 M€, suivant une courbe tendancielle déjà ancienne à la concentration et qui se continue ici (+ 2 points). La première de ces taxes, portant sur l'édition (0,2% des CA excédant 76 300 €), atteint 5,32 M€, marquant une augmentation conjoncturelle de 5,6 % (soit +0,28 M€) en raison des bons résultats de la filière sur l'exercice. La deuxième, portant sur les appareils de reproduction et d'impression, bénéficie d'une amélioration structurelle de 9,2 % (soit + 2,59 M€) sous l'effet du relèvement de son taux, à partir de 2010, de 2,25 % à 3,25 % : elle atteint ainsi 30,74 M€* »
Donc même l'argent des auteurs inféodés à l'édition classique (les 0,2% des CA excédant 76 300 €, ce sont bien des sommes collectées sur les ventes de leurs livres), ces 5,32 millions d'euros ne reviennent pas aux auteurs... D'autres affectations sûrement plus utiles...

Un système qui met en avant les aides aux auteurs pour mieux se partager 96,5% du budget ! Mais naturellement ce système fonctionne grâce aux écrivains qui vivent sur l'espérance de toucher le jackpot. 28 000 euros, c'est en effet énorme, ça me permettrait de vivre plusieurs années... Le vingtième siècle démontra de manière extrême que toute dictature a besoin de collabos pour tenir. Les systèmes injustes puisent naturellement leur mode de fonctionnement dans cette boue de l'histoire. Le pire, s'il y a pire en la matière, étant que des auteurs-donneurs-de-leçons collaborent ainsi à la pérennité du monstre.

Quant aux 30 millions d'euros des taxes sur les appareils de reproduction et d'impression, il semble scandaleux que les utilisateurs continuent à accepter de les payer, sans même la justification qu'elles servent à la création comme s'en gargarisent les officiels et installés.

« *Décidées par le Président du Centre national du livre, après avis d'une commission ou d'un comité d'experts, les aides mises en œuvre par l'établissement sont exposées de façon détaillée dans le présent bilan, via une présentation par article budgétaire, puis par commission ou type d'accompagnement.* »
Les Bourses ne représentent, certes, en 2011, que 7,1% du budget consacré aux interventions.
9% aux "Activités littéraires" (des " Sociétés des amis d'auteurs" ont ainsi bénéficié de 165 000 euros + 2 474 836 euros aux "Subventions développement vie littéraire")
20,5% Subventions à l'édition (soit 6 027 070 euros)
Aides aux revues 1 124 135 euros.
Aides à la traduction 2 575 424 euros.
Projets spécifiques 178 558 euros.
Subventions à la publication 2 148 953 euros.

Le budget interventions en 2011 fut de 30 859 137 euros. Sur un budget global de 45 millions... Où passent les 15 millions ? En frais de fonctionnement ?

Donc, les bourses destinées aux créateurs littéraires où 187 bénéficiaires se sont partagés 1 613 500 euros. (alors que les 7,1% représentent une dotation finale de 2 133 860 euros... la différence est sûrement... ailleurs...)

Bourse de découverte : 3 500 euros. (47 aides)
Bourse de création : 7 000 euros. (89 aides)
Bourse de création : 14 000 euros. (43 aides)
Année sabbatique : 28 000 euros. (8 aides)

Les heureux bénéficiaires (naturellement, il est difficile de refuser de l'argent indispensable... si ce n'est pas moi, ce sera un autre... et personne n'entendra mon indignation... continue à crier Ternoise !)

Bande dessinée

ADAM Peggy : pour le projet Grisons (Suisse) 14 000 euros.
ALAGBE Yvan : Amour, histoire véritable (scénario et dessin) (département 26) 28 000 euros.
ARNAULT Mathilde : Rock Zombie ! 2 (scénario et dessin) (33) 3 500 euros.
BAUR Catherine : Vent mauvais (34) 7 000 euros.
BERNARD Frédéric : La patience du tigre, une aventure de Jeanne Picquigny (21) 14 000 euros.
BONNEAU Laurent : Max (75) 3 500 euros.
BOUDIER Germain : Le sentier (29) 7 000 euros.
BOUDJELLAL Farid : Le cousin harki (75) 7 000 euros.
BRAUD Claire : Romina Walser (scénario et dessin) (37) 3 500 euros.
CAILLEAUX Christian : Un crime (33) 14 000 euros.
CHAPRON Glen : Early morning (44) 14 000 euros.
CHIAVINI Lorenzo : Soufre (16) 7 000 euros.
CLAIRAT Guillaume : Les trois Frances (75) 14 000 euros.
COTINAT Luc : Journal d'un casanier (scénario et dessin) (35) 14 000 euros.
DEBEURME Ludovic : L'ombre du garçon (scénario et dessin) (75) 14 000 euros.
DEBOVE Sarah : Rock star locale (44) 3 500 euros.
DUCHAZEAU BENEIX : Frantz Projet autobiographique sur le thème de la résilience (75) 14 000 euros.
DUCOUDRAY Aurélien : Bosanska slika (36) 7 000 euros.
DUPUY Philippe : Les enfants pâles (dessin - scénario de Loo Hui Phang) (75) 7 000 euros.
FERLUT Nathalie : Eve sur la balançoire (16) 7 000 euros.
GILLOT Philippe : Boules de cuir (scénario et dessin) (94) 3 500 euros.

GUYOT Christian : Manouches (scénario et dessin) (75) 7 000 euros.
ING Phouséra : L'anarchiste (75) 14 000 euros.
KEU Chan : L'année du lièvre, tome 2 (69) 3 500 euros.
LAURENT Marion : Comment naissent les araignées (75) 3 500 euros.
LAVAUD Pierre : Le raccourci Hastings (16) 14 000 euros.
LE BORGNE : Christophe Nasty Suzy (75) 3 500 euros.
LECROART Etienne : Onze solos (93) 7 000 euros.
LEHMANN Matthias : Mes amis me vengeront (scénario et dessin) (75) 7 000 euros.
LEVAUX Aurélie : Sans titre, sur le thème autofictif d'une relation amoureuse à distance (scénario et dessin) (Belgique) 7 000 euros.
LONG Jean-Christophe : Le monstre, love transformer (24) 3 500 euros.
LOYAU Grégoire : Le solitaire (26) 3 500 euros.
MAHMOUDI Halim : Noir et amer comme un café sans sucre (31) 3 500 euros.
MARY Donatien : Stubb (75) 3 500 euros.
MICHAELIS Fanny : Avant mon père aussi était un enfant (scénario et dessin) (75) 3 500 euros.
MONPIERRE Roland : Saint-Georges, tome 2 : La légende de Fatras-Bâton (scénario et dessin) (75) 3 500 euros.
PAILHARET DIT MARION MOUSSE Pierrick : Une histoire de Louise Brooks (13) 7 000 euros.
PERRET Olivier : Joshua River Junior (scénario et dessin) (59) 3 500 euros.
PONTAROLO Frédéric : Deux Roméo sous un arbre (67) 7 000 euros.
POOT Christophe : Graham Schalken à Stockholm (Belgique) 7 000 euros.
REUZE Emmanuel : La vie de jésus (35) 14 000 euros.
RICARD Sylvain : Toi au moins, tu es mort avant (scénario - dessin de Daniel Casanave, d'après l'ouvrage de Chronis Missios) (75) 7 000 euros.

SCHEMOUL Gabriel : L'étrange histoire de Peter Schlemihl (dessin, scénario d'après l'œuvre de Adelbert Von Chamisso) (13) 14 000 euros.
Ces 43 bénéficiaires en Bande dessinée se sont partagés 353 500 euros.

Littérature jeunesse

ALBERT Adrien : Simon (album) (49) 7 000 euros.
BRISSOT Camille : L'aventurier et le fantôme (26) 7 000 euros.
CARRE Claude : La Croix du Sud (roman) (89) 7 000 euros.
COUPRIE Catherine : Dictionnaire fou du corps (52) 14 000 euros.
DELAUNAY Jacqueline : Amba, tigre de l'Amour (39) 14 000 euros.
FDIDA Jean-Jacques : Yona et la Belle au Bois dormant (67) 28 000 euros.
FORTIER Nathalie : Le colibri / Plupk (45) 14 000 euros.
GAUTHIER Philippe : Le voyage de Lily Fil (93) 14 000 euros.
GEHIN Elisa : L'ordre des chats (75) 14 000 euros.
GUERAUD Guillaume : Post-mortem (13) 7 000 euros.
HE Yuhong : Mes images de Chine (75) 14 000 euros.
KARALI Olivier : Maison, côté obscur (81) 14 000 euros.
LE GAC Gwen : Douze (93) 7 000 euros.
LE GENDRE Nathalie : Histoire d'anges (44) 7 000 euros.
LE ROY Boris : Utopia, au moindre geste (92) 7 000 euros.
LEVEQUE Jenny : Atlantis (roman) (76) 3 500 euros.
LEYMARIE Marie : Nous aurons besoin l'un de l'autre (21) 7 000 euros.
LIGNERIS Charlotte des : Après la mort ? (album) (44) 7 000 euros.
MEUNIER-COUCHARD Henri : Rébus / Les contes (33) 28 000 euros.
MOREAU Jean-Pierre : Réalisation d'un atlas imaginaire (75) 28 000 euros.
MORNET Pierre : L'anniversaire (75) 7 000 euros.

PERRET Delphine : Premier étage gauche (69) 7 000 euros.
PERRIN Clotilde : La chaussette bleue (67) 7 000 euros.
RAMSTEIN Anne-Margot : Faune et Flore (69) 14 000 euros.
SOUZA Marie-France : Par-dessus la tête (31) 14 000 euros.
TROLLEY DE PREVAUX Marion : Dure-à-cuire (75) 7 000 euros.
TROUFFIER Sophie : A la source des nuages - Moana 3 (44) 3 500 euros.
VERNETTE Véronique : Album sur un quartier d'Abidjan (42) 7 000 euros.

Ces 28 bénéficiaires en Littérature jeunesses se sont partagés 315 000 euros.
L'album sur un quartier d'Abidjan de Véronique VERNETTE sera-t-il plus intéressant que mon témoignage ?

Littératures étrangères

BOKOV Nicolas : De la part du destin (projet de roman en russe) (75) 7 000 euros.
DE FRANCESCO Alessandro : La vision à distance (prose-poésie semi narrative, poèmes et textes visuels) (75) 7 000 euros.
KIRIKKANAT Iclal Mine : Projet de roman policier en langue turque (75) 7 000 euros.
RODRIGUEZ LINAN Miguel : Projet de roman en espagnol (13) 3 500 euros.
SARTORI Giacomo : Projet de roman en italien (75) 14 000 euros.
SEN Urmimala : Projet de roman en anglais (75) 3 500 euros.

Ces 6 bénéficiaires en Littérature étrangères se sont partagés 42 000 euros.

Poésie

BENAZET Luc : Projet sans titre (75) 3 500 euros.
BOUQUET Stéphane : Les amours suivants (75) 14 000 euros.

CHAMBARD Claude : Un nécessaire malentendu, V : Tout dort en paix, sauf l'amour (33) 7 000 euros.
COURTADE Fabienne : Le livre à venir (75) 28 000 euros.
COURTOUX Sylvain : Stilnox et Poète, c'est crevé (87) 7 000 euros.
CREMER Stéphane : Compost / Composta poème traduit en portugais du Brésil (75) 7 000 euros.
DEMANGEOT Cédric : Une inquiétude (09) 14 000 euros.
DIESNER Sébastien : Pamela (Belgique) 7 000 euros.
DOYEN Franck : Littoral (54) 7 000 euros.
DUMOND Frédéric : Attracteurs étrangers (93) 3 500 euros.
FUSTIER Romain : Mal de travers Infini de poche (03) 7 000 euros.
GRIOT Fred : UUuU (75) 7 000 euros.
JOURDAN Michel : Passerelles en brins de raphia vers d'incertains campements (34) 7 000 euros.
KAWALA Anne : Limites (75) 7 000 euros.
LAABI Abdellatif : Recueil de poésie (94) 14 000 euros.
LE CAM Claire : Quand les seins rebondissent et que brame le cerf (93) 3 500 euros.
LE DEZ Mérédith : Couteau de la nuit (22) 3 500 euros.
LEBRUN Guillaume : Sans titre (75) 3 500 euros.
LOIZEAU Sophie : La femme lit écrit (78) 7 000 euros.
MARTINEZ Cyrille : Jeune artiste poète inédit Un homme à la batterie (75) 7 000 euros.
MWANZA MUJILA : Fiston Le fleuve dans le ventre (Autriche) 3 500 euros.
PADELLEC Lydia : Poètes. Anthologie de poésie contemporaine (40 poètes) associée à des poèmes de l'auteure (78) 3 500 euros.
PENNEQUIN Charles : Trou type (59) 14 000 euros.
RANNOU Franck : Rapt (35) 7 000 euros.
ROUSSET Marie-Claude : Conversation avec plis (63) 14 000 euros.
ROUZEAU Valérie : Autoportrait(s) avec ou sans moi (93) 28 000 euros.
STUBBE Gwenaëlle : Mater est filius (75) 14 000 euros.

SUCHERE Éric : Deux projets : Mystérieuse et Time capsule (75) 7 000 euros.
TARDY Nicolas : Paysage avec caméras (13) 7 000 euros.
TSAKANIKAS-ANALIS Demetre : Les hommes, le temps, les lieux (Grèce) 7 000 euros.
VILGRAIN Bénédicte : Une grammaire tibétaine : du chapitre 9 au chapitre 10 (21) 7 000 euros.

Ces 31 bénéficiaires en Poésie se sont partagés 276 500 euros.

Roman

ADAM Philippe : Jours de chance Du Sexe ou pornotypes (75) 14 000 euros.
AGRECH David : China club (95) 3 500 euros.
ALBERT Jean-Max : Les Querpéens, tome 2 (75) 3 500 euros.
ARFEL Tatiana : Aurélien ou quand je n'étais pas là (34) 7 000 euros.
ASTIER Ingrid : Angle mort (75) 3 500 euros.
BEAUNE François : L'entresort, histoires vraies de Méditerranée (69) 14 000 euros.
BELASKRI Yahia Sebdou 1894 (75) 7 000 euros.
BENINCA Lise : Roman autour de trois personnages : un artificier, un non voyant et une femme âgée (75) 7 000 euros.
BENMILOUD Yassir : Si Dieu peut (75) 7 000 euros.
BERGAMINI Alexandre : Autobiographie fantasmée abordant entre autres les thèmes du voyage, de l'amour et de la dépression (01) 14 000 euros.
BLOTTIERE Alain : Roman enchevêtrant les univers de deux adolescents, l'un vivant à Paris en banlieue résidentielle et l'autre au Caire dans une banlieue misérable (75) 14 000 euros.
BON François : Autobiographie des objets (37) 14 000 euros.
BORATAV David : La vie artistique (roman d'apprentissage d'un jeune européen ambitieux) (75) 3 500 euros.
BUISSON Laure : Roman autour de Jeanne de Belleville, fille et épouse de seigneurs bretons du XIVe siècle (75) 7 000 euros.

CALIGARIS Nicole : 1003 (roman formé de récits autonomes nés d'une brève de presse) (75) 7 000 euros.
CHATELIER Patrick : Trois pères (93) 7 000 euros.
CHIARELLO Fanny : Roman présentant un groupe d'amis soudés autour d'une obsession commune : la culture populaire américaine, musicale en particulier (59) 14 000 euros.
CHOLODENKO Marc : Projet portant sur l'imitation, le faire comme si (75) 28 000 euros.
CLERC Agnès : Le gréeur (75) 7 000 euros.
COMMERE Hervé : Roman policier sous la forme d'une longue lettre que le narrateur adresse à sa femme (35) 3 500 euros.
CONDOU Isabelle : Un pays qui n'avait pas de port (33) 7 000 euros.
DA SILVA Didier : Récits du promeneur nocturne (13) 7 000 euros.
DAKPOGAN Habib : Le colonel civil (Benin) 7 000 euros.
DESBETS Alexandre : 1er volume de la trilogie Mama (œuvre d'anticipation cyberpunk) (84) 7 000 euros.
DIVRY Sophie : La condition pavillonnaire (69) 3 500 euros.
DOUIBI Rabéa : Le vent de la discorde (Algérie) 3 500 euros.
EID Nadine : Un silence de terre rouge (récit de voyage à Madagascar dont le nœud central est un meurtre) (75) 3 500 euros.
FRADIER Catherine : Le stratagème de la lamproie (roman d'espionnage) tome III de la trilogie Cristal Défense (26) 7 000 euros.
GALLOIS Anne : Pauvre petit village riche (75) 7 000 euros.
GAUDY Hélène : Un roman sur l'imposture à partir d'un fait divers : un jeune adulte se faisant passer pour un adolescent disparu (75) 7 000 euros.
GENDRON Sébastien : Révolution (33) 7 000 euros.
GRANDJEAN Julien : La gueule du loup (54) 7 000 euros.
GUEZENGAR Claire : Soins intensifs dandy (75) 7 000 euros.
HENRY Léo : Hildegarde (67) 7 000 euros.
HIRSCH Mikaël : Notre Dame des vents (75) 3 500 euros.

HOMASSEL Anne-Sylvie : Zang (roman mêlant anticipation et fantastique) (94) 7 000 euros.
JAN Guillaume : En morceaux (75) 3 500 euros.
JANNIN Bernard : Vie très intime d'H.P (75) 7 000 euros.
JULLIEN Michel : Roman autour du travail de copiste de Raoulet d'Orléans (75) 7 000 euros.
KHELIL Mourad : Portrait de jeune fille en folle (75) 3 500 euros.
KLOETZER Laurent : Anamnèse de Lady (Suisse) 7 000 euros.
LARNAUDIE Mathieu : Acharnement (roman explorant la question du langage politique) (75) 7 000 euros.
LEFEBVRE Noémi : L'état des sentiments à l'âge adulte (roman évoquant la période contemporaine sous le regard d'un vieillard et de ses deux aides à domicile) (38) 3 500 euros.
LUCAS Claude : Fiction : récit de l'enquête d'un détective autour du mystérieux expéditeur d'une lettre inquiétante (29) 7 000 euros.
MARGUERITE Dominique-Margot : Roman : une vieille femme, son fils et son petit fils un dimanche dans un appartement (46) 3 500 euros.
MARTENS Michel : Le marteau de Dieu (75) 7 000 euros.
MASSERA Jean-Charles : Bon sinon, par rapport aux nanas qu'est ce qu'on fait ? (75) 14 000 euros.
MBAYE BILEOMA Marietou : Cac(a)phonies (Sénégal) 7 000 euros.
MEDDI Adlène : 1994 (regard porté par des lycéens transformés en barbouzes sur les violences des années 1990 en Algérie) (Algérie) 7 000 euros.
MINARD Céline : Great smokings mountains (75) 7 000 euros.
NOLLET Estelle : Roman autour d'un gardien de parc en Afrique noire (91) 14 000 euros.
OTTE Jean-Pierre : L'amour, une affaire française (46) 14 000 euros. Un lotois ! Jamais croisé dans un salon... Il est vrai qu'elles deviennent rares mes apparitions en ces lieux où les organisateurs soit délèguent aux libraires soient exigent le paiement d'une place...

PARISIS Jean-Marc : Roman sur l'exil intérieur et physique, le voyage en soi et la traversée géographique de quelques frontières (75) 7 000 euros.
PESSAN Eric : La marée des ancêtres (44) 7 000 euros.
RADFORD Daniel : Le mainate (75) 3 500 euros.
RANDOIN Romain : No present (portrait des années 1990 en France par une galerie de personnages décalés, drôles et tragiques) (69) 3 500 euros.
ROZIER Gilles : Daltonien (75) 7 000 euros.
SABATIE Emmanuel : La neige ne fond pas au soleil (66) 7 000 euros.
SAGALOVITSCH Laurent : Un juif en cavale (92) 7 000 euros.
SALAUN Lionel : Roman se situant en France dans les années 50 et ayant pour cadre une cité populaire (73) 3 500 euros.
SASSI Marie-Bénédicte : La mémoire de la goutte d'eau (75) 3 500 euros.
SEONNET Michel : Roman sur une femme partant au Maroc à la recherche d'anciens soldats goumiers de son père disparu en Indochine avant sa naissance (91) 14 000 euros.
SEVESTRE Alain : Scott (75) 28 000 euros.
SPILMONT Jean-Pierre : Maria (73) 7 000 euros.
TRAN-NHUT Thanh-Van : Roman mêlant histoire, sciences et fantastique, se déroulant au XIXe siècle à Hong Kong (94) 7 000 euros.
ULYSSE Louis-Stéphane : Sorcier blanc (75) 14 000 euros.
VENTURA Avril : Roman : questionnement sur la folie à travers le parcours de Paul, le personnage principal (75) 3 500 euros.
VILAIN Philippe : Roman sur les amours contrariées de Raphaël, universitaire français et de Francesca, étudiante italienne (75) 7 000 euros.
VISCOGLIOSI Fabio : Agents doubles (69) 7 000 euros.
Ces 69 bénéficiaires en Roman se sont partagés 539 000 euros. Finalement, c'est sûrement le bon chiffres de subventionnés. Il faut qu'un chiffre parle !

Théâtre

AZIZI Lazare : Rabah Robert touche ailleurs que là où tu es né (75) 7 000 euros.
CHENEAU Ronan : Nouvelles vagues (75) 7 000 euros.
HADJAJE Jacques : La joyeuse et probable histoire de Superbarrio, que l'on vit s'envoler un soir dans le ciel de Mexico (94) 3 500 euros.
LEMOINE Jean-René : Autoportraits rêvés (75) 14 000 euros.
MADANI Ahmed : Je marche la nuit sur un chemin mauvais (78) 14 000 euros.
MILIN Gildas : Toboggan (93) 7 000 euros.
NOZIERE Anna : La petite (33) 3 500 euros.
PELLET Christophe : Le jour où je serai vivante (75) 14 000 euros.
PIERRE Sabryna : Sauve-qui-peut Sara (69) 3 500 euros.
RICHARD Dominique : Premiers engagements (92) 14 000 euros.
Ces 10 bénéficiaires en Théâtre se sont partagés 87 500 euros.

43 bénéficiaires en Bande dessinée se sont partagés 353 500 euros. 28 bénéficiaires en Littérature jeunesses se sont partagés 315 000 euros. 6 bénéficiaires en Littérature étrangères se sont partagés 42 000 euros. 31 bénéficiaires en Poésie se sont partagés 276 500 euros. 69 bénéficiaires en Roman se sont partagés 539 000 euros. 10 bénéficiaires en Théâtre se sont partagés 87 500 euros.

47 bourses de découverte à 3 500 euros.
89 bourses de création à 7 000 euros.
43 bourses de création à 14 000 euros.
8 années sabbatiques à 28 000 euros.

Si vous souhaitez figurer un jour dans cette liste (avant la vraie révolution numérique où ces organismes devront être fermés ou restructurés), l'auto-édition, ce n'est pas pour vous : faites-vous des relations utiles !

X) Le Conseil permanent des écrivains

CPE : Conseil permanent des écrivains. Selon ses statuts : « *union d'associations et de syndicats* » ; « *le Conseil Permanent des Ecrivains s'est fixé pour mission de rassembler l'ensemble des organismes ayant pour but de défendre les écrivains, les illustrateurs et les auteurs de l'écrit et du livre* » ; On y retrouve la Société des gens de lettres de France (SGDLF), le Syndicat national des auteurs et compositeurs (SNAC), l'Association des traducteurs littéraires de France (ATLF), l'Association des écrivains de langue française (ADELF), l'Association d'information et de défense des auteurs COSE-CALCRE, et même la SACEM !

Certes, ce CPE, ce n'est RIEN pour un écrivain indépendant. Comment pourrions-nous nous sentir défendus par les représentants de ces structures ? Ils ont sûrement aimé la référence au CPE du Contrat Première Embauche.

XI) Quand CPE et SNE négocient...

Hervé GAYMARD, à l'Assemblée nationale, le 6 avril 2011, lors de l'étude de la proposition de loi relative au prix du livre numérique, résuma le dialogue au-dessus de nos têtes :

« ...Ces négociations entre le Conseil permanent des écrivains et le Syndicat national de l'édition sur les conditions de cession des droits numériques, devaient aboutir à un texte commun pour le Salon du livre de Paris, qui s'ouvrait à partir du 18 mars 2011, sur les points suivants : le contrat d'édition numérique, la durée limitée du contrat, le bon à diffuser numérique, la rémunération, l'exploitation permanente et suivie et la reddition des comptes.

Au terme de ces discussions et de six réunions de travail, le SNE et le CPE ne sont pas parvenus à un accord sur l'ensemble de ces points, notamment pour ce qui concerne deux points fondamentaux : la durée du contrat et les conditions de rémunération.

S'agissant des conditions de rémunération, le SNE proposait aux auteurs un pourcentage strictement identique à celui existant pour l'édition papier. Restant attaché au principe de la rémunération proportionnelle, le CPE demande à ce que ce taux soit réévalué pour l'édition numérique de telle sorte que le montant de rémunération soit au moins équivalent en valeur absolue à celui obtenu pour l'édition papier, ce qui n'est pas accepté par le SNE.

Pour autant, un consensus a été trouvé sur plusieurs points :

– une instance de liaison entre le SNE et la Société des gens de lettres (SGDL) a été mise en place afin d'intervenir sur les questions contractuelles dans le domaine de l'édition physique et numérique, notamment en cas de différend entre un auteur et un éditeur ;

– auteurs et éditeurs ont acté la mise en œuvre d'un bon à diffuser numérique. L'auteur aura ainsi la possibilité de valider le fichier numérique avant sa diffusion ;

– les deux parties sont également d'accord pour que les dispositions contractuelles relatives à l'exploitation numérique des œuvres figurent clairement et distinctement dans le contrat d'édition, mais alors que les éditeurs plaident pour un seul et même contrat, les auteurs préféreraient que deux contrats distincts soient signés ;

– un accord a été trouvé sur une définition de l'exploitation permanente et suivie des œuvres sous forme numérique et sur les modalités de récupération des droits numériques par l'auteur en cas de mauvaise ou de non exploitation de l'œuvre au format numérique.

À l'issue d'une période qui reste à déterminer à compter de la signature du contrat, l'auteur pourra à tout moment demander à l'éditeur de mettre en œuvre les moyens nécessaires pour remplir ces conditions. À défaut, l'auteur pourra recouvrer ses droits numériques. Comme l'indiquait le CPE dans son communiqué de presse du 16 mars, « la possibilité pour l'auteur de récupérer ses droits constitue une condition essentielle pour le CPE, compte tenu des incertitudes actuelles sur les modalités de développement du marché numérique. » »

Précisions :
Dans son communiqué de presse, le CPE notait : « *les négociations se trouvent de ce fait suspendues et le CPE est amené à demander la médiation du ministère de la Culture ou à envisager une adaptation du Code de la propriété intellectuelle.* »
Celui de SNE précisait : « *l'étude du Bureau International de l'Edition Française –BIEF- sur les achats et ventes de droits de livres numériques à l'international conforte les éditeurs français, dont les pratiques sont en adéquation totale avec celles de leurs homologues étrangers. Sans exception, les droits numériques sont toujours considérés comme des droits premiers et sont à ce titre inclus dans le contrat d'édition. Ces droits sont cédés pour la même durée que les droits papier et la majorité des contrats intègrent aujourd'hui une clause de réexamen des modalités de la rémunération.* »

Mais aussi, ils souhaitent absolument nous en persuader : « *au moment où l'offre légale se développe, tous les acteurs de la chaîne du livre doivent être solidaires. Les investissements sont lourds et la rentabilité très faible dans ce marché émergent.* »

Je ne me sens nullement solidaire de ces installés et de leur marché étudié pour contraindre en douceur les écrivains à se soumettre ou se marginaliser. La réalisation de mon catalogue numérique s'effectue sans subvention.

D - Trouver sa place dans l'auto-édition

Que souhaitez-vous ? Vous ressentez-vous réellement écrivain ?
Un écrivain, ça se pose tellement de questions, que parfois ça apporte des réponses...
Comme en 1991 je me suis lancé dans l'auto-édition, en 2011 j'ai opté pour une plus grande implication dans l'ebook, avec la mise en forme de l'ensemble de mes écrits et la création de sites dédiés...
Vous vous interrogez forcément. Sinon ces mots ne défileraient pas devant vos yeux. Je ne vais pas vous en remercier... car tout simplement vous pensez y dénicher des réponses à vos interrogations, doutes...
Je ne suis pas là pour vous prendre par la main, ni vous apporter une réponse "définitive." Régulièrement, je modifie de petites choses dans mon approche, de l'écriture comme de la promotion. Soyez en mouvement. Interrogez-vous. Une bonne réponse de 2010 ne l'est peut-être plus en 2013. L'incertitude caractérise notre profession (si vraiment vous souhaitez entrer dans ce "drôle de métier"). Donc, des dilemmes...
Choisir une voie s'est le plus souvent se priver des autres. Ou alors, il faut jouer finement... Comme en multipliant les pseudonymes. Michel Houellebecq s'auto-édite peut-être sous le nom de Thomas de Terneuve ! Non ?

I) **Il me faut vendre combien d'ebooks pour en vivre ?**

Un écrivain, ça cherche à vivre de sa plume. Tout simplement.
De nombreux écrivains vivent de leur retraite. D'autres de leurs rentes ou bénéficient du soutien d'un conjoint.
Parmi les écrivains qui parviennent à une certaine reconnaissance, nombreux ont bénéficié de l'aide financière de leur conjoint (une enquête fut menée sur le sujet par le sociologue Bernard Lahire, reprise dans *La condition littéraire. La double vie des écrivains*, aux éditions *La Découverte*).
Je souhaite gagner combien ?

« - Mais vous avez des aides, vous êtes intermittents du spectacle. »
Ce n'était pas une question : une affirmation, d'un lecteur potentiel dans un salon du livre. Il naviguait en pleine erreur : les écrivains ne peuvent pas bénéficier du statut d'intermittent du spectacle ni d'un statut comparable. Rien. Seulement demander le RSA.
La plupart des écrivains acceptent, recherchent « un autre métier », un gagne-pain, même s'il s'agit le plus souvent de recycler sa plume dans le journalisme. Même les plus connus réalisent « parfois » des piges.
Pouvoir se consacrer entièrement à l'écriture est pourtant une ambition légitime. Alors : combien me faut-il par mois pour vivre uniquement de ces revenus ?
1500 euros ? Oui, un écrivain doit se contenter de peu. 1500 euros moins les charges, il vivra en smicard. C'est déjà ça.
Si je souhaite qu'un éditeur papier me verse 18 000 euros par an, il me faudra vendre pour 180 000 euros HT. Si j'ai réussi à obtenir des droits d'auteur à 10%. Soit avec un livre à 15 euros (14.22 ht) 12 658 livres. C'est naturellement possible mais on comprend pourquoi dans cette économie-là peu d'auteurs vivent de leur plume.
Si je suis auteur-éditeur, en vendant principalement par correspondance, mon bénéfice s'établit à 60% des revenus : il me

faut vendre 2111 exemplaires (18000 / (60% de 14,22)). L'auto-édition papier est depuis longtemps une voie intéressante (je l'écrivais déjà en 1998...)
À l'ère du numérique, vendre un ebook 15 euros, seuls des éditeurs sûrement coupés des réalités peuvent l'espérer. Si l'ebook est à 5 euros (4.73 avec la tva à 5,5 % contre 4.18 ht avec la tva à 19.6 en 2011), mieux vaut ne pas signer chez un « éditeur numérique » pour 10% de droits d'auteur. Avec 47,3 centimes par exemplaire, les 18 000 euros sont de nouveau loin (même à 38 054 exemplaires !).
Si je passe par un distributeur auquel je laisse 40%, il me faudra quand même trouver 6360 acheteurs (2.83 euros par livre de bénéfice).

Un auteur qui parvenait à vendre 2 000 bouquins papier à 15 euros devrait réussir à en écouler 6 300 en numérique. Quand le marché aura réellement décollé, mieux vaudra compter sur plusieurs livres dont on possède 100% des droits pour le numérique : certes, la « tyrannie de la nouveauté » existe sur le net comme ailleurs mais des écrits de « fond de catalogue » sont un apport essentiel dans la course aux 6 500 exemplaires annuels.

J'ai choisi de vendre encore moins cher. Je sais la nécessité de trouver plus de lectrices et lecteurs... mais je vends également des livres en papier et les sites Internet m'assurent quelques revenus. Une partie de mes ventes est réalisée sans le moindre intermédiaire sur http://www.ecrivain.pro et http://www.autodiffusion.fr mais avec des frais bancaires importants (sur les faibles montants), donc des revenus proches des ventes via le distributeur...
Livres en papier, livres numériques, un peu de revenus "annexes" : Il est préférable que vous mettiez en place un système similaire. Quelques ventes supplémentaires chaque semaine, c'est déjà ça !

II) Noyés dans l'océan des écrits sans intérêt...

Des millions d'ebooks seront référencés. Le genre autobiographique va exploser.
Ça va raconter, raconter, des niaiseries et des souvenirs. Des thèses et des synthèses.
Mon autobiographie ! Mon voyage en Thaïlande ! Mon séjour à Djibouti ! Les vacheries de ma mère ! J'étais au même lycée que Nicolas Sarkozy ! (énormément de variantes, mais peu de footballeurs, pour lesquels il s'agira plutôt du collège)
Tout auteur dans une démarche littéraire doit déjà se démarquer des plumitifs à vomir.

Mais nous risquons tous d'être submergés par la déferlante.
Le numérique ne sera pas un univers merveilleux.
Il ne s'agit pas d'être pour ou contre.
Il s'agit de comprendre la réalité, sans illusion.
Il s'agit de maîtriser son destin et non de se placer à la merci des intermédiaires.
Vendre sans intermédiaire, directement sur son site, s'autogérer totalement, est une ambition louable mais l'univers numérique exigera pour la majorité des écrivains quelques concessions avec cette optique idéale.
Avec le numérique, il y aura trop de livres ?
Il est vrai qu'actuellement, la production est très modérée !
Le centre national du livre fournit les chiffres obtenus grâce à la BnF (le dépôt légal livres) : 67 278 titres en 2010 contre 66 595 en 2009.
Le nombre de références vendues au moins une fois en France en 2009 serait de 633 946. Je ne crois pas avoir été comptabilisé.

Oui, nettement trop de livres sont publiés et ça ne va pas s'arranger ! Mais ce n'est pas une raison pour interdire aux écrivains de publier ! Les écrivains peuvent même essayer de vivre de leurs écrits en réduisant au maximum les intermédiaires.

III) Passer par un distributeur ou utiliser les "plateformes d'auto-édition" ?

Dans les plateformes d'autopublication, je ne compte pas *Lulu* et autres du même genre. Mais des plateformes sur lesquelles un véritable lectorat existe, achète.
Une plateforme où le cadre légal est totalement respecté, vérifié.

Il me faut bien parler de ce "Lulu."
En page d'accueil : « *10 ans et 2 millions d'écrivains.* » On pourrait certes "ergoter" sur le sens du terme écrivain à la une de ce site, où figure également un peu alléchant « *plus de 1000 nouveaux titres chaque jour.* » N'espérez donc pas être visible dans ce grand marécage ! Ces chiffres suffisent à comprendre qu'il s'agit d'un "simple" prestataire qui apporte une solution technique et vous laisse le soin de vous bouger pour les ventes… dont il tirera ses bénéfices… On ne peut rien lui reprocher. En bas de page, certes en tout petit, figure : « *Lulu.com vous ouvre les portes de la publication et de l'impression de livres en ligne. Vous cherchez à vous auto-publier ? Les solutions d'impression à la demande (POD) de Lulu sont d'une utilisation rapide et simple. Créer un livre en quelques minutes, publier en un simple clic, distribuer, vendre et imprimer des livres à commander. C'est aussi simple que ça. Vous essayez de créer un album photo ? Vous voulez créer votre propre calendrier ? Notre assistant de publication en ligne facile à utiliser vous permet de publier et d'imprimer votre propre album photo ou calendrier de haute qualité en quelques minutes. Vous voulez convertir votre livre en eBook ? Avec nos outils conviviaux d'édition, c'est un jeu d'enfants. Avec Lulu, vous pouvez vous auto-publier et distribuer votre eBook au format ePub compatible avec l'iPad d'Apple, Sony Reader et bien d'autres.* »
Le plus surprenant, selon un modeste écrivain observateur de ce mieux, c'est son succès en France à ce Lulu. Ce qui semble dénoter une réelle volonté de se projeter écrivain chez de nombreux concitoyens...

Les Mentions légales, même dans la partie française du site, restent en anglais. Comme le "Contrat membre de Lulu et Conditions d'utilisation" qu'il faut valider pour s'inscrire. Ce qui me gène et m'oblige à utiliser google translate...

« *8. Creator Revenue*
As used herein:
Creator Revenue - means the percentage of Net Revenue due to you as author-publisher for Content which was sold and paid for in full. Subject to specific arrangements with distribution channel partners, the following Creator Revenue percentage generally applies:
Electronic- for sales of electronic material, 90% of Net Revenue. »

Signifie presque :

« 8. Revenus Créateur
Tel qu'utilisé ici:
Créateur revenus - signifie le pourcentage du revenu net qui vous est dû auteur-éditeur de contenu qui a été vendu et payé en totalité. Sous réserve des accords spécifiques avec les partenaires des canaux de distribution, le pourcentage du revenu du Créateur qui suit s'applique généralement : ventes électroniques, 90% des revenus nets. »

« 21. Jurisdictional Issues
The Site is controlled and operated by Lulu from the United States of America, and is not intended to subject Lulu to the laws or jurisdiction of any state, country or territory other than that of the United States of America. Lulu does not represent or warrant that the Site or any part thereof is appropriate or available for use in any particular jurisdiction. Those who choose to access the Site do so on their own initiative and at their own risk, and are responsible for complying with all local laws, rules and regulations. We may limit the Site's availability, in whole or in

part, to any person, geographic area or jurisdiction we choose, at any time and in our sole discretion. Lulu makes no representation that material on the Site is appropriate to or available at locations outside of the United States. You may not use the Site or export the Contents in violation of U.S. export regulations. If you access this Site from a location outside of the United States, you are responsible for compliance with all applicable local laws and payment of any local taxes that may be payable in connection with any purchase from the Site »

« 21. Questions de compétence
Le site est contrôlé et exploité par Lulu en provenance des États-Unis d'Amérique, et ne vise pas à soumettre Lulu aux lois ou juridiction de tout État, pays ou territoire autre que celui des États-Unis d'Amérique.
Lulu ne représente ni ne garantit que le Site est approprié ou disponible pour une utilisation dans une juridiction particulière.
Ceux qui choisissent d'accéder au Site le font de leur propre initiative et à leurs propres risques et sont responsables de se conformer à toutes les lois locales et règlements.
Nous pouvons limiter la disponibilité du site, en tout ou en partie, à toute personne, zone géographique ou juridiction de notre choix, à tout moment et à notre seule discrétion.
Lulu ne fait aucune représentation que le matériel sur le site est approprié ou disponible dans des endroits en dehors des États-Unis.
Vous ne pouvez pas utiliser le Site ou exporter les matières en violation des règlements américains à l'exportation. Si vous accédez à ce site à partir d'un emplacement à l'extérieur des États-Unis, vous êtes responsable de la conformité avec toutes les lois locales en vigueur et le paiement de toutes les taxes locales qui pourraient être payables dans le cadre d'un achat sur le Site. »

Si vous ne retenez qu'une phrase : « *vous êtes responsable de la conformité avec toutes les lois locales en vigueur et le paiement de toutes les taxes locales qui pourraient être payables dans le cadre d'un achat sur le Site.* » Donc d'une vente !

Quant au montant destiné à l'auteur-éditeur sur chaque vente d'un livre papier, il semble relever d'un calcul où le prix de vente et le nombre de pages interviennent... Il existe même des options payantes... mais il ne s'agît nullement ici d'analyser leur contrat, leurs pratiques. Seul l'aspect légal m'intéressait...

« *Mon éditeur : Lulu* », affirmation fréquente sur le net. Au-delà de la totale erreur (le site est prestataire de service et non éditeur), le côté ridicule de l'appellation doit quand même retenir quelques "apprentis auteurs". Non ? Quand même, dans la littérature, les mots ont un sens. « Chez Lulu », on ne pense même pas à un bistrot, plutôt une maison de passe. Maison de presse, maison de passe, les mœurs peuvent certainement permettre des passerelles. Naturellement, aux États-Unis, ces deux syllabes ne doivent pas être ainsi connotées french proxénète. Quand on choisit un nom, il faut le porter... Quand on choisi "un nom d'éditeur" - je vous le répète "prestataire" - il faut s'attendre aux sourires...

Les plateformes accessibles aux auteurs-éditeurs sur lesquelles vous devez impérativement vous placer en 2013, si vous n'avez signé aucun contrat de distribution numérique : Amazon, Kobo, Itunes.

IV) Les livres numériques s'achètent déjà... et de plus en plus

Depuis avril 2011, aux États-Unis Amazon vend même plus d'ebooks que de livres en papier. Pour 105 livres numériques seulement 100 en papier. Amazon précise que dans ces ventes dématérialisées, les ouvrages gratuits libres de droit ne sont pas comptabilisés.

Quand les livres seront numériques, plus personne n'en achètera... prétendent encore des plumes de mauvais augure.

La barre du million d'exemplaires d'ebooks a été franchie...

Le vainqueur est Stieg Larsson avec *The Girl With the Dragon Tatoo* (en français : *Les hommes qui n'aimaient pas les femmes*), le premier roman de sa saga *Millenium*, dont l'auteur n'a même pas connu le triomphe papier, fauché par une crise cardiaque avant sa parution...
Knopf, la filiale de Random House, l'éditeur américain de cette saga, a annoncé, en avril 2010, ce passage au million de ventes numériques.

Nora Roberts fut, elle, la première à vendre plus d'un million d'exemplaires numériques... tous livres confondus, et son éditeur, Penguin Group USA, avait naturellement célébré l'événement.

Vendre plus d'un million de livres électroniques rien que sur le Kindle d'Amazon... impossible ? On sait maintenant que c'est possible !
Un jour un écrivain francophone figurera dans cette liste sans traduction ? Improbable !

Par ordre d'accès à ce club très huppé !

1) Stieg Larsson. C'est en juillet 2010 qu'Amazon.com l'annonçait : Stieg Larsson est devenu le premier écrivain à franchir ce seuil du million d'ebooks vendus au format numérique Kindle.
2) James Patterson. C'est en octobre 2010, qu'Amazon avait annoncé le premier passage de cette barre mythique par un auteur

vivant : l'auteur de chez Hachette Book Group (Hé oui, un Lagardère boy), l'auteur d'une série "Maximum Ride".
3) Nora Roberts,
4) Charlaine Harris,
5) Suzanne Collins, devenue la première auteure pour enfants dans ce "club". Auteure de la série « The Underland Chronicle. »
6) Lee Child, auteur de thrillers (personnage de Jack Reacher).
7) Michael Connelly
8) John Locke. En juin 2011, le premier auteur indépendant. Il a vendu à 0,99 dollars ses ebooks.
9) Janet Evanovich. Mi aout 2011.
10) Kathryn Stockett. Mi aout 2011.
11) G.R.R. Martin. Annonce du 19 septembre 2011 d'Amazon.

Et je me demandais toujours où était passée Amanda Hocking ! La newsletter du 22 novembre 2011 de Kindle Direct Publishing y a répondu : elle est arrivée ! En une journée, une newsletter, trois arrivées. Respectons l'ordre :
Amanda Hocking rejoint le Kindle Million Club
12) David Baldacci.
13) Amanda Hocking.
14) Stephenie Meyer.
Il est précisé dans cette newsletter, qu'en plus de John Locke et Amanda Hocking, la plateforme du Kindle Direct Publishing (KDP), douze auteurs KDP ont vendu 200 000 livres chacun et trente en ont vendu plus de 100 000.
Les chiffres des auteurs français circulent peu. Quelques ebooks ont dépassé le millier de ventes. Oui, les ventes restent faibles mais depuis juin 2010, les hausses sont constantes. Un petit tableau en fin de livre reprend mes meilleures ventes, actualisées. Il n'est pas encore trop tard pour essayer de se faire un nom dans l'indépendance !

Une déception, deux années de kindle ? Malheureusement les reprises des œuvres libres de droits et la littérature kitch ont trusté les premières places... qui restent manipulables même sur Amazon (voir rubrique consacrée à ces tentatives...)

V) Un portail équitable pour le livre numérique ?

http://www.cinqeuros.fr ne prend aucune commission ni droit d'inscription : le portail référence les livres vendus par les écrivains au tarif de cinq euros maxi. Un portail non subventionné ! Un portail selon Ternoise.

Rien à voir avec 1001Libraires.com ! Qui fut « un projet collectif et interprofessionnel », une initiative du Syndicat de la Librairie Française (SLF). Contrairement à ce que l'on pourrait croire, le 11 avril 2011, ce réseau n'est constitué que de 248 librairies françaises. Ces librairies vendent en ligne des livres « numériques et physiques. »
« La société PL2i, chargée de mettre en œuvre le portail des libraires indépendants est une société par Actions Simplifiée (SAS). Son capital est détenu par des libraires et l'ADELC. Elle a bénéficié également d'aides du Cercle de la Librairie et du Centre National du Livre. » Ah si les écrivains indépendants avaient les mêmes facilités !
Sur crl-midipyrenees.fr on peut lire parmi les objectifs de ce site : *"favoriser la bibliodiversité et participer à maintenir un écosystème du livre respectant la diversité éditoriale, et le rôle indispensable de médiateurs et de prescripteurs que jouent les libraires."*
Lire cette proclamation vous fait également sourire ?

Ma web réponse fut « naturellement » 1001ecrivains.com. Combien serons-nous à y vendre nos ebooks sans intermédiaire ?
http://www.1001ecrivains.com a ouvert officiellement le 4 mai 2011, un mois jour pour jour après l'autre ! Naturellement, sans subvention ni soutien, il tardera à vraiment démarrer… D'ailleurs, en 2013, je m'interroge toujours sur la meilleure manière de le faire fonctionner... 1001Libraires.com a eu le temps de s'éteindre, après avoir englouti un bon paquet d'argent public... Y'a toujours des poches qui se remplissent dans ces cas-là...
Il m'est difficile de gérer des projets collectifs... ma tête déborde de livres à écrire... Vous également ?

Donc peut-être pas utile que vous me contactiez sur http://www.1001ecrivains.com ! J'essayerai néanmoins de mettre en place une procédure automatique... De la même manière, ne comptez pas trop sur "les projets collectifs" : chacun est un peu la tête dans son guidon. J'ai néanmoins, depuis une dizaine d'années, permis à de nombreux auteurs d'accéder à un peu plus de visibilité. La réciproque fut très rare. Ce n'est même pas une déception et je le note uniquement pour vous éviter des illusions sur les aides...

VI) De bonnes raisons d'éviter les éditeurs, même 100% numériques !

Le prix du livre numérique est appelé à se stabiliser très bas. Si les éditeurs s'obstinent à vouloir pratiquer des tarifs exorbitants, inévitablement le gratuit illégal s'imposera, comme pour la musique.
Si vous partagez avec un éditeur les bénéfices d'un ebook à bas prix, vous aurez des difficultés à en vivre...

Naturellement, il est logique de s'interroger :
- Si un éditeur me permet d'écouler 20 000 livres numériques contre 312 en auto-édition ?
Est-ce qu'un même livrel sera mieux positionné sur Amazon ou ITunes s'il est édité par Gallimard ou en auto-édition ? C'est une question cruciale. Il est possible qu'effectivement les plateformes de vente privilégient certaines maisons. Il est aussi possible qu'elles testent l'ensemble des livres en leur accordant quelques instants à la *une*. Nul doute, de toute manière, que les plateformes feront vendre ce qui se vend rapidement. Amélie Nothomb et Marc Levy devraient être chouchoutés. Sauf si la librairie constate un rejet des prix élevés...
Tout est encore possible : les cartes se distribueront vraiment durant cette décennie. Si les écrivains perdent le combat du livre numérique, un jour il faudra sûrement passer par « un label » pour être visible. Mais nous ne sommes pas condamnés à la défaite.
Nous sommes à ce stade crucial de la mise en place du modèle économique.
Oser l'indépendance, c'est croire en la capacité des écrivains de gérer leur propre indépendance.

VII) Comment être lu reste la question essentielle

Toute l'information du monde, numérisée, accessible via Internet, la majeure partie gratuitement. Comment être visible dans ce cyberespace, qui plus est avec des ebooks payants ? Le web reproduira la fracture entre les auteurs visibles et les autres. Mais ce ne seront pas forcément les mêmes !
Il faut donner l'envie d'être lu.

Certains prétendront sûrement qu'il était plus facile de passer à une émission littéraire à la télévision (il suffisait d'être retenu par un éditeur phare) que de placer son site en première page de google lors d'une requête "écrivain".

On comprend aisément les auteurs qui ont accepté de travailler pour seulement 10% des revenus de leur travail quand en contrepartie les éditeurs accordaient la médiatisation, une médiatisation impossible autrement. Certes, les écrivains auraient pu vouloir changer leur monde, eux qui prétendent si souvent vouloir changer le monde. L'histoire ne prétendra pas forcément que ces exploités collaboraient avec un système capitaliste qui les oppressait en leur accordant reconnaissances et minimum financier. Peu d'écrivains ont essayé de lutter contre ce système mis en place par les éditeurs et pour les éditeurs, certes à une époque où l'indépendance nécessitait des investissements très lourds donc impossibles sans fortune.
C'est dans les années où l'imprimerie s'est modernisée, où imprimer coûta moins de 10% du prix moyen du livre, que les écrivains auraient pu reprendre leur liberté. Mais les éditeurs avaient figé la société littéraire et l'auto-édition n'est jamais parvenue à s'extirper de l'image d'échec collée par l'édition « classique » alliée aux médias influents.

La littérature souffre surtout de ne pas être accessible par toutes et tous, d'être confisquée par des diffuseurs qui ont le pouvoir de placer devant les yeux des acheteurs les titres qu'ils souhaitent, en affirmant que tel est le choix de lecture du moment. Et qu'il faut absolument avoir lu monsieur K ou madame H (pour les dîners en ville). Tout ce qui peut concourir à sortir la littérature de ce ghetto sera positif. Internet est donc préférable au vieux monde des éditeurs distributeurs vendeurs médias alliés.

Ce ne fut jamais facile, d'écrire une œuvre et réussir à la promouvoir durant une seule vie. Réussir à former une équipe autour de soi, souvent la famille, pourra faire la différence. L'écrivain n'est pas toujours seul.

VIII) Les écrivains seront les perdants ?

Chronique d'une catastrophe annoncée ? Comme dans la musique ?
Dans tous les cas, les écrivains seront perdants ?...
Oui... sauf les gagnants !
Essayons ! Plutôt que de confier notre sort aux éditeurs, qui nous reverseront des miettes quand ils auront réussi à récupérer du numérique autant de fric que du papier.

L'ebook indépendant sera coulé par la médiocrité ?

Ce fut l'arme fatale contre l'auto-édition : comme aucun comité de lecture ne valide les livres, n'importe quel écrivaillon peut se prétendre écrivain, donc cette terre de la médiocrité est à ignorer, mépriser.
Organisateur du prix littéraire salon du livre du net http://www.salondulivre.net, j'en ai reçu, des bouquins illisibles, fermés après quelques mots, des torchons sortis en auto-édition ou compte d'auteur. Mais il suffit d'entrer dans une librairie (ou la zone *culture* d'une grande surface) pour constater que l'édition papier publie aussi tout et n'importe quoi.

Certes, que répondre quand on reçoit un message :
« *bj j'ai reçut un refus de publication d'un editeur puis j'ai ecirs aun second * nom éditeur en ligne * qui on accepter mon livre vont me le publier contre 450e qui pensez vous d'eux ??* »

Nul doute que cet « écrivain en herbe » choisira l'édition numérique quand elle sera développée !

Le livre numérique sera certes submergé par les ebooks insignifiants... mais, niveau livres inutiles, nos « grands éditeurs » ont prouvé leur capacité à descendre bien bas dans le caniveau, pourvu que le nom sur la couverture augure de ventes conséquentes.

Le compte d'auteur va disparaître ?

Un point positif dans le paysage de l'édition : le compte d'auteur va disparaître. Il ne survivra pas à la possibilité qu'aura même tout écrivaillon de balancer gratuitement sur Amazon.
Tout écrivain pourra compter au moins sur un proche pour lui conseiller de « publier » sans débourser un centime plutôt qu'en payant. Et les exceptions ne devraient pas suffire à la survie de ces sociétés... qui se transformeront peut-être en « aides à la médiatisation » ou « aide à l'auto-édition » ou « conseils littéraires. »

Certes, nous avons vu avec « jepublie.com » comment certains n'hésitent pas à facturer des centaines d'euros sous couvert d'auto-édition. Il faut donc rester vigilant quant à l'utilisation du terme auto-édition. C'est aussi une des raisons de la publication de cet ebook.

Le compte d'auteur "classique" va disparaître mais l'envie de faire de l'argent sur les auteurs survivra. J'ai par exemple visité un site avec bestseller dans le titre, connu via twitter avec comme prestations :
Votre livre édité ou auto-édité proposé aux journalistes littéraires : 39 euros.
Votre livre édité ou auto-édité proposé aux libraires : 39 euros.
Rédaction de votre communiqué de presse : 79 euros.
La publicité de votre livre dans le 1er magazine culturel sur internet - 70 000 lecteurs : 199 euros.

Je n'ai pas cherché à connaître le nom de ce *1er magazine culturel sur internet* aux 70 000 lecteurs.
Le webzine gratuit a plus de 80 000 abonnés http://www.lewebzinegratuit.com et ne vend pas ses chroniques.

Rappel : auto-édition ne fut jamais compte d'auteur.

L'auto-édition, qu'elle soit numérique ou en papier, c'est faire soi-même, être son propre éditeur.

> Quant au compte d'auteur : le Code de la propriété intellectuelle signale l'existence des pratiques "compte à demi" et "compte d'auteur", en spécifiant bien que ces CONTRATS « ne constitue[nt] pas un contrat d'édition, au sens de l'article L. 132-1.»

Le compte d'auteur, c'est donc quand une structure vous fait payer pour publier.

http://www.auto-edition.com/ch2.htm signale depuis longtemps :

Un éditeur digne de ce nom doit prendre des risques sur un auteur, donc une société qui réclame de l'argent pour éditer un texte, qu'elle glorifie qui plus est, ne doit jamais être considérée par un auteur comme un éditeur digne de le publier.

L'auteur publié à compte d'auteur, ne reçoit JAMAIS de "droits d'auteur." L'auteur paie pour être publié et recevra (au mieux) des "bénéfices"... à déclarer au fisc...

Les sociétés qui vivent du compte d'auteur misent sur la méconnaissance des apprentis auteurs et ne signalent pas toujours clairement le nom de leur commerce, parsèment même parfois leur site des termes « droits d'auteur », « contrat d'édition »...

L'information se manipule tellement facilement ! Il suffit, par exemple, de prétendre que l'auto-édition c'est du compte d'auteur pour dévaloriser les indépendants. Aurélie F. qui s'indigne quand Wendel améliore son image avec du mécénat, ne réagit naturellement pas à la sortie d'Arnaud Nourry déclarant dans *les Echos* « *L'auto-édition a toujours existé : ça s'appelle l'édition à compte d'auteur* » (j'ai publié « *L'auto-édition ce n'est pas du compte d'auteur, cher monsieur Arnaud Nourry, PDG Hachette Livre* », contribution presque invisible...)

L'exemple de la musique…

En mai 2009, lors du lancement par Sony du *Reader*, j'exposais le rapprochement des deux milieux, musicaux et littéraires. Des écrivains auraient sûrement évité quelques erreurs s'ils avaient lu cette chronique. Mais elle resta d'audience confidentielle.

Ecrivains : Soyez indépendants ou coulez avec éditeurs, libraires, distributeurs.

Le monde de l'édition fonce droit vers le même échec que celui de la chanson. Les déclarations de ses sommités rappellent celles de leurs confrères musicaux quand se proclamaient des propos péremptoires du genre : jamais un internaute n'écoutera de la (bonne) musique sur le net, jamais un producteur n'ira découvrir sur ce web un petit groupe fier de son petit site perso, le public est très attaché au CD…

Ainsi, le livre en bon vieux papier leur semble éternel ! Et c'est juste pour satisfaire des industriels et occuper « une niche » si certains éditeurs suivent Sony et son « eReader PRS-505 »… S'ils croyaient aux livres numériques, ils ne commettraient quand même pas l'erreur d' « offrir un rabais de 10% sur les livres numériques par rapport aux livres imprimés.» (Arnaud Nourry, patron de Hachette Livres, partenaire de Sony et la Fnac dans l'opération « reader »)
Ainsi les tenants du modernisme devraient payer leur snobisme au prix fort : 300 euros pour le lecteur et 10% de remise seulement sur le livre… En considérant des bouquins à vingt euros, qui passent ainsi à dix-huit, après 150, l'acheteur a amorti son appareil !... à 20 ebooks par an, dans 8 ans le Reader fonctionnera peut-être encore… Mais non, cet objet s'adresse aux très gros lecteurs voyageurs… une niche quoi…

Pourtant le livre numérique est l'avenir. Cette initiative, tellement plombée de sous-entendus, ne doit pas nous décevoir : tout ce qui fera parler de l'ebook est positif… et dès que quelques

exemplaires auront été achetés à ce tarif exorbitant, ils seront rapidement partagés via des sites d'échanges de livres qui ne vont pas manquer de fleurir, pendants des sites musicaux. Et tout s'emballera ! Quant au lecteur de ces fichiers en format PDF, il existe déjà, il est gratuit : le lecteur Adobe PDF, présent sur la majorité des ordinateurs ou téléchargeable légalement gratuitement (eReader utilise un format maison ? Transformer en un autre format n'est qu'une question technique, de programmes) Comme dans la filière musicale, le gratuit va plomber les ventes... de la faute des installés, obnubilés par le maintien de leur petit commerce. Ils ne réfléchissent même pas aux conséquences du numérique... L'acheteur potentiel n'est plus dupe : le livre comme le CD permettent à des filières de s'engraisser et aux créateurs de survivre avec des miettes (avec naturellement quelques têtes de gondoles vers lesquels les micros se tendent – ainsi il est risible d'entendre Pascal Obispo assimiler le téléchargement illégal à un « *assassinat de la culture* »... son succès, voulu par des industriels, fut sûrement plus préjudiciable à une certaine idée de la culture...)
Merci Sony : il faut habituer les lecteurs au numérique ! Ensuite, les sommités s'évanouiront dans les souvenirs de l'Histoire avec leurs raisonnements préfabriqués...

Les écrivains se retrouvent face au même dilemme que les auteurs compositeurs et interprètes au début des années 2000 : rester sur le même bateau que les industriels (donc s'enrichir encore un peu pour les mieux lotis et un jour couler) ou penser, réorganiser toute la filière, se la réapproprier. Les auteurs, compositeurs et interprètes ont perdu le combat en restant figés dans le giron producteurs-sacem, une sacem depuis longtemps liée aux industriels par un tour de passe-passe où sur plus de 120 000 membres, le pouvoir est accaparé par les membres « professionnels » et « définitifs », à peine 4000, une oligarchie inféodée aux majors qui prétend représenter l'ensemble de la profession. Les autres sont sollicités pour signer des pétitions « *pour le droit d'auteur.* » Pour pérenniser les privilèges d'une

minorité ! Ainsi la sacem a souhaité l'instauration d'une « offre payante »... où comme dans la filière du disque physique les créateurs reçoivent des clopinettes... (sept centimes par téléchargement selon les derniers chiffres) Naturellement, cette « offre payante », contrôlée par les mêmes intermédiaires, malgré les clopinettes reversées aux créateurs, continue à facturer la musique à un tarif démesuré.
Livres comme musiques : les citoyens ont enfin assimilé l'indécence des prix exorbitants et refusent ce paiement dont le partage est loin d'être équitable. Ce sera donc un tarif raisonnable ou le gratuit !

Alors, quelle perspective pour les écrivains ? Qui va oser larguer imprimeur, éditeur, distributeur, libraires, pour vendre son prochain roman en numérique à cinq euros, directement sur son site ?
Soyez indépendants ou disparaissez avec éditeurs, libraires, distributeurs. N'attendez rien des politiques : des collectivités locales continuent à subventionner des installations de librairies et des éditeurs « papier. » Comme en son temps le papyrus, le livre dos carré collé a trouvé plus pratique et moins cher : le livre numérique, qui peut descendre à cinq euros comme prix de référence (même avec 19,6 % de TVA) et GRATUIT quand il s'agit des classiques « libres de droits », tombés dans le domaine public.

Malheureusement, comme pour la musique, aucun débat raisonnable ne peut s'instaurer : les médias sont scotchés dans le schéma de pensée des industriels et leur opposition créateurs - téléchargement illégal... Les mêmes arguments affluent du monde littéraire officiel... où des pantins soutiennent les industriels du livre comme des chanteurs reprenaient le couplet des majors et de la sacem, se tenant par la barbichette pour maintenir leurs marges et nous entraîner dans une impasse. Même la gratuité des versions numériques des classiques semble scandaleuse dans le microcosme du livre, « *il ne faut pas que ces livres deviennent gratuits. On pourrait imaginer une prolongation du paiement du droit d'auteur et que ces revenus reviennent à une sorte de caisse centrale des écrivains.* » (Régis Jauffret, écrivain, lors d'un débat sur le livre numérique organisé par le « *conseil permanent des écrivains* », en mai 2009)

Pourtant : édition comme chanson, les sommes disponibles ne permettent plus aux créateurs de nourrir des intermédiaires, qui plus est, devenus peu utiles depuis les possibilités du web...

IX) Ni Marc-Édouard Nabe ni Maurice G. Dantec

Marc-Édouard Nabe et Maurice G. Dantec ont rejoint l'auto-édition ! C'était en 2010... Nous pouvons les féliciter mais leur cas n'a rien à voir avec la majorité des auteurs indépendants.

Marc-Édouard Nabe et Maurice G. Dantec ont créé des personnages médiatiques, ont essayé d'utiliser au maximum le système, avant leur virage éditorial.

Marc-Édouard Nabe vient du microcosme artistique : Marcel Zanini, son père, possède un tube à son répertoire, certes pas la chanson la plus littéraire de la sacem, *Tu veux ou tu veux pas ?*

Marc-Édouard Nabe, plus célèbre pour ses attaques contre la Licra, l'abbé Pierre, Élisabeth Badinter, Serge Gainsbourg et sa compréhension d'Oussama ben Laden, que pour ses œuvres.

Ses tirages ne semblent jamais lui avoir permis de vivre uniquement de ses droits d'auteur.

En 2010, après avoir récupéré par procès les droits d'auteur de 22 livres publiés par *les éditions du Rocher*, Marc-Édouard Nabe s'est lancé dans l'auto-édition, rebaptisé *anti-édition*, et sa nouveauté, *L'Homme qui arrêta d'écrire*, fut remarquée dans la dernière sélection du *prix Renaudot*, finalement attribué à Virginie Despentes.

Il pense pouvoir vendre, directement, via son site, pour vivre correctement de ses livres. Si, comme annoncé parfois, l'auteur possède trois ou quatre mille fidèles, c'est possible. Mais quand un article annonce qu'un auteur peut compter sur trois ou quatre mille inconditionnels qui achèteront forcément ses livres, je m'interroge toujours sur le degré d'amitié liant le journaliste et la personnalité, j'envisage aussi la possibilité d'une reprise de propos sans même vérification des tirages...

Quant à Maurice G. Dantec, même si les grands médias ont surtout abordé ses liens avec des groupuscules d'extrême-droite, et même si les chiffres sont toujours à prendre avec précaution, il a indéniablement connu des ventes élevées. Des chiffres

supérieurs à 100 000 sont régulièrement notés pour au moins trois titres : *Les Racines du Mal, Villa Vortex, Cosmos Incorporated.*
Quant à *Babylon Babies*, il fut adapté au cinéma par Mathieu Kassovitz.
Mais *Metacortex*, publié en février 2010 chez Albin Michel, n'aurait pas dépassé les 6000 ventes.
En mars 2011, son agent, David Kersan, annonçait que l'écrivain parfois présenté comme le maître du *techno-polar prospectiviste* quittait le circuit de l'édition classique (il a publié chez Gallimard, dans les collections « noire » et « blanche », Albin Michel et Rivages) pour auto-éditer *Satellite Sisters* en 2012. Auto-éditer en version papier, sur le modèle Marc-Édouard Nabe.

Je suis venu naturellement à l'auto-édition 20 ans plus tôt, leur découverte de l'indépendance me semble un peu tardive. Certes, ils ont créé un personnage, ce qui leur assure une audience médiatique, ce qui me manque, c'est indéniable. Mais en plus d'être tardive, leur indépendance me semble frileuse : ils ne visent qu'à distribuer du livre papier et non à enfoncer un coup de butoir numérique dans la citadelle de l'édition franco-parisienne.

Octobre 2013, que sont-ils devenus ?
Le 7 octobre 2011, Marc-Édouard Nabe a réussi à être le premier à publier un roman sur l'affaire Dominique Strauss-Kahn... et le 30 août 2012, "*Lucette*" ressortait chez Folio... mais en copyright Nabe, l'anti-édition est sauf !? Cette anti-édition semble plutôt s'inscrire dans une démarche pour essayer d'exister médiatiquement, avec des publications chez les éditeurs qui voudront bien le promouvoir... Il avait donc simplement récupéré les droits de publier ses livres en papier conformément à la loi, quand l'éditeur n'assure plus leur disponibilité.
Quant à l'auto-édition selon Dantec, au mieux elle peut prêter à sourire : "*les éditions Ring*" ont publié "*Satellite Sisters*" le 23 août 2012. Chronic'art, dès le 31 août, informait son lectorat que l'auteur avait « *déposé contre son éditeur et ex-agent littéraire David Kersan, ainsi que contre les éditions Ring, une plainte au*

pénal visant à faire annuler un contrat d'édition dont la signature aurait été soutirée à l'écrivain, alors que celui-ci se trouvait dans un état de détresse physique et psychique particulièrement graves. »

Maurice G. Dantec fut débouté de son action en référé visant à obtenir la suspension de la publication de *Satellite Sisters* le 23 août 2012. La plainte pénale pour abus de faiblesse suit son cours au parquet de Paris...

Ne pas confondre auto-édition et édition par des amis qui peuvent rapidement devenir des ennemis !

Ces exemples permettent également d'illustrer la difficulté de ce chemin indépendant en France...

**X) Si vous pensez pouvoir vendre du livre en papier...
Produisez-en !**

Des lectrices et lecteurs réagissent parfois en espérant la survie du livre en papier, qui sent si bon, qui est si pratique...
Lectrices et lecteurs, si vous souhaitez du papier, les éditeurs vous en fourniront. Si vous êtes prêts à en payer le prix, pas de problème.
De toute manière, des milliards de livres en papier existent, ce support restera donc au moins dans des bibliothèques durant plusieurs siècles... des bibliothèques qui ne seront peut-être plus visitées !

La production du livre papier est une équation économique : tant que l'éditeur aura l'espoir de rentabiliser une production, il la lancera.
Pour les éditeurs indépendants, on sait qu'il est difficile d'accéder aux points de vente. J'ai même arrêté de proposer mes livres aux libraires des villes : les prendre est une chose, souvent un interlocuteur est disponible mais quand il s'agit de payer, il faut « parfois » repasser plus tard...

Avec un livre au format numérique, on peut perdre du temps si les ventes sont ridicules mais aucun risque financier, comme pour l'impression à la demande, alors qu'une édition en papier "tirage de masse" resterait peut-être en invendus.

Mais néanmoins, il existe des "lieux de promotion", comme les salons du livre, les salons des arts... où la présence de l'auteur exige celle de ses livres. L'impression à la demande de quelques dizaines d'exemplaires semble néanmoins permettre d'assumer dans ces cas-là...

XI) Des explications du numérique peu crédibles...

Méfiez-vous de certains conseilleurs... Surtout s'ils vous proposent autre chose que l'auto-édition !

Des auteurs prétendent expliquer la révolution numérique de l'édition... et publient chez un éditeur classique ou un éditeur numérique... Parfois avec un historique assez risible, de Proust à Balzac en évitant soigneusement l'auto-édition des années 1990-2010.

La situation de Marcel Proust payant Grasset n'a pas grand-chose à voir avec l'ère du numérique. Si Marcel Proust n'avait pas eu les moyens de payer, exit *la recherche*. Alors qu'avec l'ebook il suffit d'un ordinateur relié à Internet.

Quand un auteur cherche à plaire à un éditeur, même numérique, vous pensez qu'il a adapté son texte pour être publié ? Certes, il pense peut-être totalement ce qu'il écrit. Formaté ! Mais dans les deux cas, il n'est pas très utile à l'écrivain indépendant qui cherche la manière de court-circuiter le système installé par les éditeurs omnipotents.

Pour certains, le but n'est pas d'expliquer l'édition numérique mais d'avoir un livre (de plus) publié. L'auteur ira sûrement plus loin dans la compréhension de cette évolution-révolution s'il vise à être publié par un éditeur numérique plutôt que par une vieille maison mais il risque dans tous les cas de vous envoyer vers une voie dangereuse, où vous ferez peut-être vivre des intermédiaires sans conserver vos droits. Editeurs numériques comme « coopératives » ou « collectifs » (ces « trucs » avec un grand chef, quelques adjoints et des auteurs priés de promouvoir la structure, remercier...) peuvent encore être évités.

Pour les distributeurs, peut-être : si demain 95 % des ventes numériques s'effectuent sur des plateformes sur lesquelles il est possible de mettre en vente sans intermédiaire. J'ai choisi de passer par un distributeur car je considère les conditions d'*immateriel.fr* correcte et leur démarche intéressante (que ferions-nous si aucune alternative n'existait au lagardérien *numilog* ?)

XII) Une époque merveilleuse pour les écrivains mais…

J'ai grandi dans un univers littéraire figé. J'ai essayé l'auto-édition mais sans parvenir à « faire bouger les lignes. »
Ces deux décennies de confrontation aux dures réalités d'un univers littéraire confisqué, me permettent d'apprécier plus particulièrement cette entrée dans la décennie du possible.

C'est une époque merveilleuse pour l'édition : l'espoir d'un changement peut créer une véritable effervescence. Mais les installés feront tout pour conserver leurs privilèges. Ils pourront malheureusement compter sur de nombreuses subventions. Et des plumeurs d'écrivains tenteront aussi de tendre des pièges. Tout est possible mais que chacun reste vigilant, trouve son propre business model, sans trop se soucier des réactions.
Et lisez toujours très attentivement avant de signer. Prenez le temps de la réflexion.

E - Questions techniques et pratiques sur le livre numérique

Fabriquer les ebooks... Il faut simplement qu'ils soient lisibles par l'ensemble des appareils de lecture. Une question de formats... Une question de logiciels... et quelques conseils... Un guide, ce serait simplement ça, pour la bande à neuveu !... (avec des captures d'écran pour montrer "Enregistrer sous"...)

I) **Le format des livres électroniques**

Le livre numérique est un simple fichier informatique. Il a donc besoin d'être codifié d'une manière qui sera reconnue par l'appareil de lecture. On peut vous faire croire que c'est compliqué pour vous vendre des prestations d'encodage (entubage des écrivains peu portés à l'informatique).

Quand les livres se lisaient uniquement sur le net, on utilisait les formats TXT (texte), DOC (Microsoft Word), HTML (hypertext markup language), XML (extensible markup language) et PDF (portable document format).
Les éditeurs sont familiarisés au format PDF (lancé en 1993 par la société Adobe) car il est utilisé par les imprimeurs dans la chaîne du livre papier. Ce PDF imprimeur est un fichier numérique, il est encore considéré comme un ebook et on le retrouve sur de nombreuses plateformes.

Mais avec les « appareils de lecture », rapidement se sont multipliés les formats, quasiment chaque société lançant le sien avec ses propres logiciels en espérant que tout le monde l'adopterait, zéro compatibilité naturellement. Ce fut la déferlante : Rocket eBook Reader, Franklin Reader de l'eBookMan, Palm Reader du Palm Pilot, Glassbook Reader, Peanut Reader, Cytale pour le Cybook, Gemstar eBook Reader…
Comme l'échec fut général, l'idée d'un format unique germa et le National Institute of Standards & Technology (aux États-Unis), lança l'Open eBook Initiative en juin 1998 qui élabora l'OeB (open ebook), basé sur le langage XML.
Le format OeB, défini par l'OeBPS (open ebook publication structure), était prêt en septembre 1999, gratuit et libre de droits. Le format inclut une technologie de gestion des droits numériques, un système de DRM permettant de contrôler l'accès des livres numériques sous droits.
En janvier 2000, l'Open eBook Initiative, laissa place à l'OeBF (Open eBook Forum), consortium industriel international de constructeurs, concepteurs de logiciels, éditeurs, libraires et

spécialistes du numérique avec pour objectif de développer ce format OeB et l'OeBPS.

En avril 2005, l'Open eBook Forum est devenu l'International Digital Publishing Forum (IDPF), et le format OeB fut transformé en format ePub. Les fichiers ont alors l'extension .epub

EPUB est prétendument conçu pour faciliter la mise en page du contenu, le texte étant ajusté au type d'appareil... ce qui n'est pas une très grande révolution, le PDF peut aussi s'afficher en variant la taille, comme une page Internet.

Ce format epub est celui des tablettes dites à encre électronique.

Ainsi, désormais, un livre électronique peut toujours s'afficher dans le langage classique des sites Internet (HTML), se consulter comme un site. Il peut aussi s'ouvrir au format PDF. Et donc en ePub.

Comme pour lire un PDF sur PC ou MAC, il faut Adobe reader (le plus souvent préchargé sur les ordinateurs ou téléchargeable gratuitement). Pour lire un epub il faut télécharger Adobe Digital Edition (ADE), un gratuit aussi.

Les tablettes sont compatibles avec Adobe Digital Edition, ce qui permet, quand une tablette est branchée à l'ordinateur, de glisser le livrel sur la tablette.

Adobe Digital Edition ayant été conçu pour gérer les DRM, à l'installation du programme il est possible de reconnaître l'ordinateur afin qu'il lise les ebooks protégés par DRM... ce qui est indispensable si vous achetez des ebooks verrouillés par DRM.

L'Ipad, comme le Kobo by Fnac, utilise ce format epub. Amazon a préféré une application maison pour son Kindle (un epub bidouillé !).

Suivi du format sur http://www.ebook-epub.com

II) Comment lire le livre électronique ?

Sur ordinateur, téléphone, PDA (Agendas électroniques, assistant personnel), smartphone (fusion du téléphone portable et du PDA), tablette ou "liseuse."

Il est impossible de lire un livre électronique sans avoir mal aux yeux au bout de quelques minutes... ce n'est plus la réalité !

Au commencement, il y eut... l'ordinateur, le passage du format texte au pdf.

Le Kindle, le lecteur de livres d'Amazon, ne fut lancé qu'en novembre 2007 (arrivée en France, octobre 2011) ... Et l'iPad d'Apple en mai 2010.

Entre temps, il y eut tout ce qui rassurait le microcosme de l'édition papier, satisfait de la conclusion : la lecture de livres numériques est désagréable.
Comme les agendas électroniques puis les Smartphones.
Et les premières tablettes de lecture : les éphémères Rocket eBook (créé par la société NuvoMedia, financée par la chaîne de librairies Barnes & Noble et le géant des médias Bertelsmann), le SoftBook Reader ou le Gemstar eBook...

Les appareils de lecture se transformeront régulièrement, les machines seront de plus en plus performantes et moins chères. Quels modèles s'imposeront ? Etre solides et légers tout en restant économiques et permettant un véritable confort de lecture.

Même sans Kindle on peut se faire une idée du Kindle : le logiciel Kindle pour PC, offert gratuitement sur www.amazon.fr au premier achat de livre numérique (si Amazon constate l'absence d'appareil de lecture sur le compte). Vous pouvez naturellement acheter du Ternoise... ou sélectionner des livres gratuits, genre Proust, Zola, Balzac...
2013 : le Kindle est devenu mon outil de travail préféré à l'étape des dernières relectures, j'évite ainsi de réimprimer...

PDA et smartphones

PDA... Un assistant numérique personnel, un petit appareil numérique portable.
Qui faisait d'abord calculatrice, agenda, carnet d'adresses et bloc-notes.
Avec un clavier, des petites touches, un écran tactile.

C'est le 7 janvier 1992, au Consumer Electronics Show à Las Vegas, que le terme PDA fut lancé, par John Sculley, qui présentait le Newton d'Apple.
Mais on peut considérer que le PDA existait déjà en 1984 : le Psion Organiser !
Vers l'an 2000, tous les fabricants de PDA ont intégré un logiciel de lecture d'ebooks, qui s'ajoutait à l'agenda, au dictaphone, au lecteur de MP3...
La petitesse de l'écran ne rebute pas certains qui deviennent accros à la lecture sur PDA !

Le PDA s'est modernisé au point de n'avoir plus grand chose à envier à l'ordinateur, sauf la taille de l'écran !

Quand les téléphones portables ont intégré les mêmes fonctionnalités que le PDA... le Smartphone est né !

Quelle différence ? Un écran plus grand pour le PDA donc légèrement moins maniable que les smartphones.

Pour Smartphone, des termes de substitution sont naturellement officiellement demandés en France : « terminal de poche » et « ordiphone. »
Au Canada, on apprécie « téléphone intelligent » mais « ordiphone » est le bienvenu.
Smartphone s'emploie néanmoins partout.

En 2011, il existait déjà 1,6 milliard de smartphones en circulation dans le monde... Samsung, Nokia et Apple dominent ce marché... même si la lecture de l'ebook n'est pas pratique sur cet écran, on ne peut que s'intéresser à cette possibilité d'être lu.

Tablette n'est plus liseuse...

Les termes *tablette* et *liseuse* furent employés pour les mêmes appareils. Désormais on effectue des distinctions.
Ipad est une tablette. Kindle est une liseuse.

Pour qui souhaite lire des livres électroniques, la liseuse est parfaite.
La liseuse, pensée uniquement pour le livre électronique, offre un véritable confort de lecture.
Lire des heures sans se fatiguer les yeux devient possible : la liseuse utilise la technologie dite de l'encre électronique.

La tablette est multimédia, internet, applications, films, jeux...

Ainsi, logiquement, la liseuse est moins chère, à partir de 79 euros. Alors que les tablettes débutent quatre fois plus haut.

Alors que 17,6 millions de tablettes tactiles s'étaient vendues en 2010 (430 000 en France), en 2011 ce furent 63 millions... dont 1,5 million en France. Près de 120 millions en 2012 (3,6 millions en France).
Et en France, au premier semestre 2013 ce serait 2 millions d'unités. Objectif 6 millions dans l'année.
Liseuse : le Kindle, Kobo, Booken...

Lancé par la librairie en ligne Amazon.com en novembre 2007, le Kindle a le format d'un livre (19 x 13, 1,8 cm d'épaisseur, et seulement 289 grammes), un écran noir et blanc (6 pouces, 800 x 600 pixels), un clavier, une mémoire de 256 Mo (extensible par carte SD), une connexion sans fil ainsi qu'un port USB. En février 2009, ce fut le Kindle 2.
Au sujet du modèle économique Kindle : en 2009, le coût estimé de sa fabrication était de 185 dollars et il était vendu 350. En mai 2010, l'appareil fut baissé à 190 dollars. Et la possibilité du kindle gratuit est parfois évoquée. Gratuit... à condition d'acheter du contenu.

En avril 2011, Amazon annonçait seulement un Kindle à 114 dollars... avec de la publicité.
Obtenez le Kindle moins cher mais laissez-nous parsemer vos romans de pubs !

Environ 12 millions de Kindle vendus fin 2010... Et quasiment rien en France…
Amazon Kindle en France, c'est une réalité depuis le 7 octobre 2011 (à 99 euros seulement d'abord, passé à 79 en 2012) mais les chiffres de ventes restent des suppositions, Amazon communiquant peu dans ce domaine, sauf fin 2011 où il prétendait vendre au niveau mondial, un million de Kindle par semaine, Kindle au sens de la gamme entière, augmentée du Kindle Fire, la première tablette d'Amazon.

Concurrents : la gamme de readers Sony et celle de Bookeen (société française), le Kobo by Fnac, arrivé en France un mois après le Kindle. France Loisirs, la librairie Chapitre et la Fnac ont lancé leur propre reader sans grand effet. Les magasins Carrefour lançaient en octobre 2013 leur partenariat avec Booken...

Tablette : l'iPad…

La tablette électronique conçue et développée par Apple.
Ou ardoise électronique ? (comme le voudraient nos contrôleur du langage !)

L'iPad 1 est sorti en France le 28 mai 2010 et l'iPad 2 le 25 mars 2011.
Selon Steve Jobs, il s'est vendu un iPad toutes les trois secondes durant les 80 jours après son lancement, soit 3 millions d'exemplaires.
Apple affirme qu'en 9 mois (avril, premières sorties mondiales à décembre 2011), il a vendu plus de 15 millions de tablettes.
Apple communique des chiffres quand il en a l'envie !

En septembre 2012, Apple annonça avoir vendu 84 millions d'iPad dans le monde, tous numéros confondus.

En trois mois, avril, mai, juin 2012, ce sont 17 millions de tablettes que la firme a écoulé et dans un marché en croissance exponentielle, sa part de marché serait de 68% en 2012 (62% en 2011)... malgré un prix peu attractif !

Le 7 mars 2012, Apple présentait le numéro 3, avec un écran "Retina". Mais dès le 23 octobre 2012 il annonçait déjà l'iPad 4 et un iPad Mini...

La part de marché d'Apple aurait été de 66 % dans le monde en 2011 et 90 % en France.

Amazon et Itunes sont les deux espaces principaux de ventes d'ebooks en France. D'où la nécessité quasi absolue pour tout écrivain de figurer sur ces sites... Se limiter à la plateforme d'autopublication d'Amazon c'est donc se priver d'une grande partie du marché. Ce qu'aucun auteur ne peut se permettre !

III) Créer des fichiers

Abandonnez l'idée d'un seul fichier qui génère le PDF, l'epub et le kindle. Ce ne se sera certes pas pratique pour les modifications futures mais quand votre texte vous "semble éditable", il vous faut le préparer au moins en deux formats. J'utilise works ou word pour générer le PDF et Atlantis pour générer l'epub.
De l'epub au « format maison Amazon » il n'y a pour moi qu'une différence : le code-barres ; enregistrant mon epub originel au format rtf avec atlantis et le code-barres epub (pour itunes, kobo, samsung, orange) je génère un ebook epub-1 puis modifie le code-barres et génère un ebook epub-amazon, qui sera transformé en format kindle par mon edistributeur, immateriel.
Si vous souhaitez générer vous-même votre format kindle, un enregistrement en html sans la couverture est nécessaire pour utiliser le logiciel mis à disposition par Amazon "Mobipocket creator." (voir ci-dessous)

PDF

Si vous avez déjà fourni une maquette à un imprimeur, vous avez sûrement généré un fichier PDF à partir de Word ou Works, en simulant une imprimante via CutePDF Writer ou PDF creator, générateurs gratuits de PDF.
Il en existe d'autres, et même des payants, des générateurs de PDF.
CutePDF Writer et PDF creator me sont suffisants. Ils devraient donc l'être pour vous !
Le format PDF, c'est le numérique le plus près du papier. Cette phrase étant trop littéraire, imagée pour certain(e)s : il convient de respecter l'ensemble des règles liées à l'édition papier. Normalement, ce n'est pas le sujet du livre ! Mais je précise : reprenez votre document généré PDF avec le même regard que si vous teniez entre les mains un livre en papier, donc supprimez impérativement l'ensemble des orphelines (ces mots isolés en tête d'une page).

ePub

Créer un epub n'est qu'une opération technique de plus.

CALIBRE (calibre-ebook.com) cumule les avantages de la gratuité et de la facilité d'utilisation même en français.
CALIBRE transforme de manière correcte des fichiers .doc ou .rtf en .epub, la photo de couverture est insérée lors de la transformation. Quand elle est déjà présente dans le document, elle n'est pas reconnue. Ce moulinage numérique, en partant d'un fichier rtf, donne un meilleur résultat qu'avec la version pdf.
Calibre évoluait régulièrement : très souvent une nouvelle version était à télécharger. Malgré cela, *immateriel.fr* signalait toujours des erreurs dans les résultats. Pour modifier le document généré par Calibre : utiliser Sigil, un « éditeur de livres électroniques » gratuit, une application Open Source. Travail fastidieux.
Mais calibre présente un gros désavantage : son code source semble peu recommandable... au point qu'Amazon a décidé de ne plus accepter les ebooks fabriqués par calibre. J'ai rapidement abandonné Calibre.

Il est préférable d'utiliser le traitement de textes *Atlantis* (même s'il est payant à 35 dollars US après un essai gratuit d'un mois).
Atlantis est un traitement de textes pour PC, avec une version en français http://www.atlantiswordprocessor.com/fr/, qui lit la plupart des fichiers texte et les exporte au format ePub de qualité un peu meilleure que Calibre. Il permet surtout de gérer les tables. La couverture se place en début de fichier... Et il suffit de passer par « Enregistrement spéciaux » puis « enregistrer comme ebook »... La documentation en français fournie par *Atlantis* est très précise... Le document généré passe sans erreur lors des tests de conformité (effectués par Immateriel).
Par souci de rapidité et pour éviter de devoir modifier plusieurs fichiers, j'ai essayé d'utiliser Atlantis également pour générer le PDF... Mais avec works ou word le pdf me semble de meilleure qualité. Qui plus est, il faudrait de toute manière deux fichiers

même si l'ensemble était géré par Atlantis car l'epub nécessite une gestion des tables.

Les offres pour **générer des fichiers ePub** évolueront naturellement à très grande vitesse. Chaque constructeur de liseuse semble s'obstiner à ajouter de petits particularismes, c'est pourquoi je conseille la plus grande simplicité possible dans la mise en page. Les générateurs génèrent parfois des bizarreries… certes moins que les traducteurs automatiques…

Kindle (Mobipocket)

La plateforme d'autopublication d'Amazon est très utile... même si vous ne l'utilisez pas dans un but d'édition, n'hésitez pas à vous y inscrire pour consulter la documentation. Elle offre en outre le logiciel Mobipocket Creator, qui permet, à partir d'un fichier en HTML, de générer un fichier Mobipocket, pour le Kindle.
Quand vous avez votre document, dans Atlantis par exemple, retirez la couverture, changez le code-barres (pour fournir le code-barres qui sera utilisé par amazon), retirez les titres qui servent à générer les tables de l'epub puis « Enregistrements spéciaux » et « enregistrer comme une page Web. »
Puis passage par Mobipocket Creator : ouverture du fichier, ajout couverture, et générer. La documentation *Kindle Direct Publishing* est très détaillée sur le sujet.
Si vous êtes distribué par Immateriel, l'edistributeur possède un très bon générateur à partir d'un fichier epub. Plus rapide (il suffit de changer le code barre et enregistrer un nouvel epub) et pour un résultat apparemment meilleur (via mon Kindle).

IV) Astuces...

La mise en page...

Un point d'interrogation en début de ligne, même sur une liseuse, ça choque.
Alors, comment éviter ce désagrément, sachant que l'un des avantages des liseuses est justement de paramétrer la taille des caractères, donc aucun texte n'est figé ?
L'espace insécable est notre sauveur !
Entre le mot et le signe, que ce soit un point d'interrogation, d'exclamation, deux points, ou des guillemets, remplacer l'espace par cet espace insécable.
Aucun espace insécable sur mon clavier non plus ! Il faut saisir ALT + 0160.

En pratique : après la dernière relecture, je lance un remplacement général de " !" par " !", ce deuxième espace étant obtenu en saisissant ALT+0160
Idem avec ? : ; % » et « (avec dans ce cas l'espace insécable après le caractère)
Fastidieux mais indispensable ! Si € $ figurent dans votre texte, il est également préférable de leur octroyer un insécable avant !

V) Faut-il « protéger » les ebooks par des DRM ?

DRM, cet acronyme de « Digital Rights Management », recouvre, selon la formule régulièrement employée, les procédés techniques de protection des droits pour les contenus numériques.

DRM est apparu dans les MP3, avec la conséquence pour les consommateurs de ne plus pouvoir écouter librement la musique achetée. Depuis, les sites musicaux ont compris qu'ils se condamnaient en verrouillant ainsi les produits légalement achetés.

Mais la protection par DRM a de nombreux partisans dans le monde du livre.

« Les éditeurs ne veulent pas s'interdire a priori d'utiliser des DRM. Ces protections vont devenir de plus en plus interopérables et permettent déjà de larges usages : six copies d'un même fichier. Elles ne permettent pas seulement de « verrouiller » les œuvres, mais aussi de définir des usages et des modèles économiques : impression ou non, prêt qui permet de vendre aux bibliothèques... Bref, à la condition de ne pas imposer de contraintes techniques excessives aux lecteurs, elles sont favorables à la création d'un marché du livre numérique en France. »
http://www.sne.fr/informations/livre-electronique-03-09.html

Naturellement, mes livres ne sont pas « protégés » par DRM. Pour chaque ebook, *immateriel.fr* me demande si je souhaite « verrouiller. » Je réponds toujours « aucun DRM. »

VI) Le prix du livre numérique...

À quel prix faut-il vendre ? Il serait facile de répondre "ça dépend du nombre de pages, du genre (romans, recueil de nouvelles, pièces de théâtre, essai, bd, poésie...) de votre notoriété..."

Pourtant, avec l'expérience, oui pour cette nouvelle version, deux ans d'expérience de vraies ventes numériques dans le dos, des conclusions, certes à relativiser, peuvent être exposées. Même au niveau du prix, notre marché semble suivre celui des États-Unis... Les quelques choses 99 centimes se sont, comme en dollars, imposés.

1 euro 99, que j'ai pourtant abondamment utilisé, avec des résultats très corrects pour "comment devenir écrivain ?" serait à déconseiller.

Selon Mark Lefebvre, le directeur "auto-édition et relations avec les auteurs" chez Kobo, donc de leur plateforme "*Writing Life*" (jamais utilisée, mes livres sont distribués sur Kobo et la Fnac par Immateriel), 1,99 $ est un prix « mort »... chez eux et ailleurs. Ainsi, il se vendrait parmi les titres "Writing Life" deux fois plus d'ebooks à 0,99 $, et quatre fois à 2,99 $ que ceux à 1,99 $.

Selon Mark Coker, PDG de Smashwords (une autre plateforme spécialisée dans "l'auto-édition"), 1,99 $ serait même un « *trou noir.* » Selon lui, le prix idéal le mieux vendu sur son portail est 3.99 $. Seuls les gratuits s'écoulent mieux.

1,99 dollars ou euros, trop cher pour ceux qui veulent payer toujours moins et associé à de la mauvaise qualité par les lectrices et lecteurs finalement habitués à débourser dix fois plus pour du papier ?
Effets psychologiques sur les consommateurs... qui naturellement s'en défendraient...
Alors, l'expérience française ? Mes propres ventes ne m'ont pas encore apporté de "juste prix" adapté aux romans, pièces de

théâtre, essai... C'est surtout la visibilité qui semble les influer. Ainsi "théâtre pour femmes" peut se vendre quotidiennement durant une semaine puis rester un mois sans acheteur, sans changement de prix... et ça recommence !

Immateriel (distributeur de 500 éditeurs, dont moi), début octobre 2013 a présenté une analyse sous-titrée « *Le prix est un gage de qualité pour les lecteurs !* »
Les titres les plus vendus : 4,99 €, puis ceux à 9,99 €.
[Un seul de mes livres numériques se vend à 9 euros 99 : le recueil de mes cinq premiers romans. Ventes régulières sur Itunes, presque rien ailleurs !]
« *On sent bien qu'il y a une histoire de barrière symbolique à 5 euros et 10 euros, même si ce sont des prix qui pourraient a priori paraître trop élevés pour du contenu dématérialisé.* »

Pour 2013, les ventes réalisées à des prix entre 4,99€ et 9,99€ représentent la moitié du chiffre d'affaires d'Immatériel. Celles situées entre 0,99 et 2,99 €, seulement 10 %. Il s'agit alors le plus souvent de ventes réalisées lors de "campagnes promotionnelles" fortement médiatisées et très courtes.

VII) Le contenu des livres... photos, livre d'art

La quadri à l'intérieur d'un livre, c'est très cher, et les livres d'art se vendent peu. Donc une opération "tirage de masse" 100% couleur, je ne m'y suis jamais aventuré. J'ai vu dans le livre numérique la possibilité de publier des photos, qu'elles soient de présentation de villes ou d'art.
http://www.artlowcost.fr est né ainsi.

Je vous conseille d'acquérir un de mes livres de photos si vous souhaitez constater qu'il est possible de publier de tels ebooks !
Naturellement, il convient de "penser" aux écrans des tablettes qui contrairement aux écrans traditionnels d'ordinateurs sont à la base verticaux et non horizontaux, même s'ils se manient facilement...
Ainsi, sur une tablette, une photo placée horizontalement s'affichera en format réduit par rapport à une photo placée d'origine verticalement. Donc il me semble parfois, pour un meilleur rendu, nécessaire de modifier la mise en page entre le PDF et l'epub.
De la même manière, il m'arrive, dans l'epub, d'insérer les photos de manière horizontale et verticale.

Le Kindle reste majoritairement un appareil sans gestion des couleurs. Ainsi c'est itunes qui vend le plus de mes livres de photos, et Immateriel pour le format pdf.

Avec l'impression à la demande, je bascule également en papier ces livres. Qualité 600 BPI... mais les bibliothécaires lotoises, qui devraient être les premières à acheter un livre sur les 42 monuments historiques de Cahors ou le canton de Montcuq, semblent réticentes à acheter sur Amazon : elles ont retenu la leçon officielle de la chaîne du livre et leur rôle de financeur des installés.

VIII) Mettre en forme un livre...

La composition du livre.

Le format des ebooks ressemble à celui des livres en papier mais si tout est possible mieux vaut le 14,8 * 21 cm, qui vous évitera des bizarreries de lecture quand ce ne sera pas des refus de vente par certaines plateformes.

La couverture du livre :
le nom ou le pseudo de l'auteur, le titre, le domaine (roman, essai, poésie...), le nom de l'éditeur (votre nom précédé de "éditions" ou suivi de "éditeur" ou un nom fictif ou "autoédition" ou "auteur-éditeur"... ou rien !). Et une vraie mise en page : la couverture d'un ebook est aussi importante que celle d'un livre en papier.
Le n°ISBN et le prix n'apparaissent pas sur la couverture... des revendeurs les refusent... ce qui vous permet aussi de changer le prix quand vous le souhaitez. La loi oblige un prix unique pour l'ebook mais elle n'oblige pas qu'il soit sur la couverture.

La notion de 4eme de couverture (qui était le verso du livre) a disparu au profit d'une présentation.
L'intérieur du livre : exit les pages blanches. Quant au reste : comme un livre en papier (je sais bien : des « nouveaux auteurs » semblent ne jamais avoir lu mais ce n'est donc pas votre cas !)
La notion de copyright se doit de figurer. En fin d'ebook avec les mentions légales... que vous retrouverez sur cet ebook.

IX) Le conseil qualité ISO Ternoise 2013

Tout vérifier. Même revérifier.
Pas seulement l'orthographe, la grammaire, le style.
Mais le résultat dans l'ensemble des formats.

Votre générateur epub est "naturellement" les plus performant du web (donc ce n'est pas calibre !) et pourtant la seule fois où vous oublierez la vérification d'usage, le fichier sera illisible à 92% ! Tout simplement à cause, par exemple, d'un faux lien, inséré vous ne saurez jamais comment. Je n'ai jamais su comment ! Je supprime le paragraphe et le réécris.

Sur votre kindle, tous les trois mots votre phrase débutera à la ligne suivante alors que le paragraphe est justifié.
J'ai connu : un caractère invisible, sans effet en PDF (un "double espace"), mais qui signifie "à la ligne suivante" en "epub Amazon".
À chaque fois, il s'agissait de lignes reprises d'un logiciel de reconnaissance du texte à partir d'un document PDF.

Imprimer, relire, et consulter le livre dans l'ensemble des formats. Ensuite, il restera toujours "quelque chose" d'imparfait. Mais nul n'est parfait. Soyons au moins crédible !

Malgré la gestion des tables... il ne faut pas oublier que la majorité des appareils de lecture "littérature" sont en noir et blanc (je pense aux Kindle, Kobo, Booken) et on se perd facilement dans les chapitres, surtout dans des livres de documentation. Ainsi, j'ajoute désormais des symboles, genre :
--->

X) Le problème technique absent de ce livre

Octobre 2013, avec une centaine d'ebooks au compteur, j'ai connu l'ensemble des soucis techniques ?
Non ! « La disparition d'un canton : Montcuq: Livre d'art et d'opinions. Moins de cantons, plus d'élus, la mainmise des partis... » avec ses 140 photos en haute définition me bloque PDF Creator. Impossible de générer le PDF !
Un essai en "impression noir et blanc" fonctionne. Mais je ne peux quand même pas présenter ces photos en noir et blanc !

J'ai donc questionné google : "comment fusionner deux fichiers PDF."
Nombreuses réponses. Possibilités en ligne (mais mon "haut-débit de campagne" ne me le permet pas)
Logiciels à installer. Certains nécessitent d'être en ligne. Je travaille les livres sur un autre ordinateur (vous ne le saviez pas encore ? c'est peut-être également un conseil : utiliser un ordinateur connecté à Internet et un pour vos créations... sur Priceminister, j'en ai dégoté un à 50 euros, un vieux portable...)

La solution s'appela "*PDF Blender*"... qui nécessite d'installer "*Ghostscrip*t." Téléchargements gratuits sur 01net.com

Deux fichiers PDF fusionnés, et ainsi fut créé celui en vente.

XI) Les fautes d'orthographe à l'heure du numérique

Un écrivain se doit de se mettre en condition de concourir au championnat de France d'orthographe ou peut-il aborder la création littérature quand il lui reste des lacunes ? Il existe naturellement des intégristes de l'orthographe qui vous démoliront sur les forums en cas de grossières fautes ... mais là n'est pas l'essentiel : ce sont les coquilles nos ennemies, ces petites fautes indépendantes du niveau de l'écrivain, celles qui restent car on connaît tellement le texte qu'un "s" oublié ou en trop ne se remarque plus. Finalement, même si le nombre d'auteurs en situation de publier a explosé, le rapport à l'orthographe n'a rien de spécifique au numérique... Mais l'ebook peut apporter une solution inédite...

Alors que Gallimard n'avait pas (officiellement) culpabilisé d'avoir oublié de multiples fautes dans le roman de son futur prix Goncourt 2011, l'écrivain indépendant peut être flagellé sur blogs facebook et compagnie pour quelques coquilles. Je pense avoir conceptualisé la bonne solution : *"l'engagement qualité"* : pour tout envoi de remarques pertinentes (erreurs, fautes), via la page de contact du site http://www.ecrivain.pro, j'offre en remerciement un ebook (à choisir dans mon catalogue des livres publiés parmi ceux dont le prix n'excède pas celui du livre acheté). J'ai depuis le lancement de cette opération offert de nombreux ebooks mais j'en suis très satisfait (eh oui, si vous n'avez qu'un livre à votre catalogue, il vous faut vieillir un peu avant d'adopter ce procédé !). Je demande un envoi dans les huit jours d'achat pour éviter qu'une faute déjà corrigée génère des échanges inutiles. Voir en fin de ce guide l'entrée « *La charte de qualité de l'auteur indépendant* » pour la présentation complète de cette offre et de la démarche… que je vous conseille d'adopter.

F - Promouvoir ses livres, méfiez-vous des solutions miracles...

Comme avant Internet, avant l'ebook, les ventes nécessitent le plus souvent (toujours) de la promotion... Même si certains jureront leur talent tellement immense qu'il leur suffit de publier pour susciter enthousiasme et top 5... Dans "*le roman de la Révolution Numérique*", Kader Terns, le « *premier auteur ayant vendu 10 000 ebooks sur Kindle France* » raconte...

I) **En France également des auteurs gagneront à la « grande loterie » des plateformes numériques...**

(pas forcément les meilleurs !)
Amazon, Kobo, Apple auront besoin d'écrivains vedettes découverts par leur plateforme pour susciter l'engouement.
Il faudra obtenir des ventes et des réactions lors de la mise en ligne et ensuite le mastodonte s'occupera de (presque) tout. Le besoin de têtes d'affiches.
Tout le monde (ou presque !) peut espérer figurer dans le petit nombre des lauréats de cette grande loterie.
Il est urgent de prendre un billet !

Amanda Hocking, Stephen Leather...

Les auteurs convaincus de la justesse des analyses du SNE ont retenu la leçon : « *Stephen King a tenté l'expérience de vendre directement ses livres en ligne. Devant l'échec complet de sa tentative, il est revenu vers son éditeur...* » Il a même reçu une belle fessée et promis de ne jamais plus recommencer ?

Alors vous, qui n'avez pas l'audience, la renommée, la carrière de Stephen King, nous vous aurons prévenus : si vous essayez, nos représailles seront terribles : « *qui osera tenter l'aventure de l'indépendance numérique ne sera jamais édité par une vénérable maison.* » Non, inutile d'inscrire cette menace sur un portail des éditeurs... les écrivains sont suffisamment intelligents pour tirer les bonnes conclusions des errements de monsieur Stephen King ! Ils prétendent que c'est impossible afin que personne n'ose.

Revenons sur leur développement : « *Cette idée reçue* [qu'on puisse se passer d'un éditeur] *provient d'une méconnaissance du métier et de la valeur ajoutée de l'éditeur.* »

Quelle est la valeur ajoutée, l'apport d'un éditeur dans l'édition papier ?
Il prend le risque financier. Naturellement, un éditeur digne de ce nom ne demande jamais d'argent à un auteur. Dans ce risque

financier, il y a d'abord la fabrication des livres qui ne seront peut-être jamais vendus mais qui devront être envoyés aux libraires.
Frais d'imprimeur, frais d'envoi aux libraires et frais de retour des invendus, frais de destruction des invendus (le pilon).
Frais de **PROMOTION** aussi et surtout, de la distribution gratuite aux médias à la publicité. Il existe même parfois des frais de correction, de réécriture… mais les écrivains prétendent le plus souvent que l'éditeur n'a pas touché une lettre de leur manuscrit.
Ainsi, avec ces frais réels, les éditeurs ont pu imposer des droits d'auteur autour de 10 % du prix de vente.
Naturellement, en contrepartie de ces risques, les éditeurs placent le plus souvent dans le contrat une clause de priorité, aux mêmes conditions, pour les trois ouvrages suivants de l'écrivain, qui se retrouve ainsi lié à un éditeur…

Avec le numérique, malgré les rodomontades du SNE, les frais occasionnés par le papier et la distribution de ces lourds bouquins, ne sont pas compensés par de nouveaux frais.
Les frais de distribution gratuite des ebooks aux médias se mesurent en temps et non en euros.
Reste néanmoins l'épineux problème de la vente du livre, et de la nécessaire publicité qui doit passer par plus qu'une page facebook et une mise en vente sur une librairie virtuelle !
Mais un auteur indépendant est actuellement encore presque à égalité avec les éditeurs installés pour créer un buzz sur Internet. Non, je ne rêvais pas en écrivant cela en 2011. Deux ans plus tard, le buzz est également repris en main par les installés... Il faut "inventer autre chose", aller plus loin, pour obtenir une audience...
Quant à la fabrication des PDF et epub, nul doute que les éditeurs ne tarderont pas à réclamer des fichiers dans ces formats ; ou, quand même, auront le logiciel nécessaire et suffisant pour transformer un texte sous word dans ces formats.

Bref, le risque financier ayant quasiment disparu et le rôle des médias traditionnels alliés des éditeurs installés s'étant (trop peu) estompé : ils prétendent que c'est impossible afin que personne n'ose. La France est un pays figé où l'initiative individuelle a des difficultés à passer surtout dans le monde des lettres. J'ai essayé, pour l'instant (presque) en vain. Certes, j'ai réussi à vivre de cette activité d'auteur éditeur indépendant... mais que de difficultés !

Du côté de l'Angleterre et de l'Amérique...

Que l'on soit un peu connu, ou totalement inconnu... c'est possible. Avec même des exemples. Certes, pas d'exemples à la pelle !

Stephen Leather fut longtemps un modeste auteur britannique de polars et thrillers, vivant de ses écrits grâce à un lectorat fidèle, en publiant un ou deux livres chaque année. Modeste mais quand même avec deux millions de livres vendus grâce à des traductions dans une vingtaine de langues.

Puis un jour, fin octobre 2010, juste au moment du boom du Kindle d'Amazon dans son pays, Stephen Leather a sorti de ses tiroirs trois nouvelles qui avaient été refusées par les éditeurs, les mettant en vente au format électronique sur Amazon.co.uk, en indépendant.

Le prix de vente a sûrement été un élément de l'engouement : soixante-dix pence (environ quatre-vingts centimes d'euros).

Nombreux furent les britanniques effectuant sur le site d'Amazon leur premier achat numérique avec ce résultat s'affichant dans la recherche « le moins cher »... et il a bénéficié de la publicité réalisée par ses fidèles lecteurs pour lancer le buzz.

J'aurais aimé être l'exemple du parfait inconnu laissant baba le monde de l'édition ! Mais... non, ce n'est pas que je sois connu... je vis en France... et dans l'univers francophone, on a des difficultés à sortir la littérature de sa gangue officielle... Ce fut Amanda Hocking. Américaine, 26 ans, refusée par les éditeurs et publiant sur Amazon ses onze livres. Sans éditeur, en auto-édition donc, avec des prix de 0,99 à 2,99 dollars. Plus d'un million d'exemplaires achetés. Et contrairement au modèle cher au SNE, 70% du prix payé par les internautes lui revient.

Naturellement, le monde de l'édition classique a essayé de récupérer la jeune femme et elle a signé pour quatre livres un gros contrat... Amazon lui a aussitôt signé un autre gros chèque pour l'exclusivité de la vente des ebooks.
Si vous croisez des gens du SNE, interrogez-les sur Amanda Hocking !

Comme pour le livre papier les success-story seront rares. Mais c'est désormais aussi (peu) probable sur le web qu'avec un bouquin dos carré collé.
Viser le Kindle d'Amazon est donc nécessaire. On estimait à 12 millions le nombre de Kindle vendus en janvier 2011. Dans le monde. Presque rien en France.

En mai 2011 le Kindle fut lancé en Allemagne, avec la plateforme d'autopublication. Pour la France, ce fut en octobre, avec l'**objectif du Kindle cadeau de Noël idéal**. Comme en Angleterre l'année précédente.
Nous étions nombreux à espérer être le premier achat des possesseurs de belles machines... Mais le schéma fut forcément différent des États-Unis et de l'Angleterre : des ebooks à prix attractifs ont fleuri chaque jour...

Le chiffre de 400 000 kindle vendus en France au 1er janvier 2013 circule... Amazon laisse supputer !

Face à des éditeurs droits dans leurs bottes sur un ebook au prix très proche du livre papier, Apple, Amazon et Google utiliseront naturellement la solution de leur plateforme d'autopublication : s'adresser directement aux auteurs, court-circuiter les éditeurs.
Reverser 70% du prix de vente, quand on offre un vaste réseau de distribution, c'est correct.

Deux options : lancer sur l'ensemble des boutiques ès qualité d'indépendant, via *immateriel* (récupérer 60 à 65% du prix HT) ou intégrer les plateformes de publication des grands distributeurs (les 70% des droits d'Amazon États-Unis ont été généralisés en

France... mais attention : l'ensemble des tarifs de vente ne bénéficient pas cette option).

Au sujet du 70% de KDP (Amazon autopublication) : ne sont vendus avec 70 % du prix de vente HT pour l'auteur que les ebooks achetés par des clients de France, Monaco, Andorre, Autriche, Belgique, Canada, Allemagne, Italie, Liechtenstein, Luxembourg, San Marin, Espagne, Suisse, Royaume-Uni (y compris Guernesey, Jersey et l'île de Man), États-Unis et la Cité du Vatican.
Ce qui constitue certes la majorité des acheteurs de livres en français.
Et il ne s'agit pas d'un 70 % "ferme" : des coûts de livraison sont prélevés en fonction du poids du livre numérique :
Amazon.com: 0,15 USD /Méga-octets
Amazon.co.uk: 0,10 GBP/Mo
Amazon.de, Amazon.fr, Amazon.es, Amazon.it : 0,12 euro / Mo.
Le coût de livraison minimum est de 0,01 USD pour les ventes en dollars américains, de 0,01 GBP pour les ventes en livres sterling et de 0,01 EUR pour les ventes en euros.
Un ebook de textes, plus la couverture, au .prc Kindle, oscille entre 200 et 2000 Ko (0,2 à 2 Mo). Mais un ebook de photos en couleur grimpe très rapidement à plusieurs méga-octets. Il est même possible que ce coût de livraison fut instauré pour éviter (limiter) l'utilisation de la plateforme pour des ebooks de photos...
Les livres constitués essentiellement de contenu du domaine public ne peuvent pas bénéficier de cette option à 70 %. Malgré cela, certains ont trouvé intéressant de proposer Proust, Maupassant, Balzac...
Et il existe une fourchette de prix pour obtenir l'option à 70 % : 2,60 à 8,69 euros.
Donc les ebooks KDP vendus à 99 centimes ne bénéficient pas à 70% à leur auteur... mais à 35%. Tandis que la vente sur la même plateforme via la distribution, c'est 60% dans tous les cas...

II) Où vendre ? Quelles plateformes numériques triompheront ?

Même les auteurs dégagés du souci financier (retraités, rentiers, entretenus par conjoint ou famille…) souhaitent vendre.
En France, la suprématie des ventes en ligne de livres papier s'est jouée entre Amazon, La Fnac et Alapage, avec le cinglant et triste échec du site racheté par France Télécom puis Rue du Commerce. Dans le numérique, l'investissement étant moindre, le gâteau pourrait se partager entre plusieurs plateformes. Un modèle économique semble se dessiner : vendre l'outil de lecture pour fidéliser les acheteurs, même si la compatibilité entre lecteurs et ebooks est assurée via des logiciels fournis gratuitement : Apple avec son Ibookstore Itunes bénéficie de l'avance commerciale de l'Ipad, Amazon a gagné le pari du Kindle… et Kobo (juste avant son rachat par Rakuten) est arrivé en France avec le même modèle d'une liseuse alliée à un site de vente... son partenaire La Fnac (en plus de son propre site kobobooks)

Barnes & Noble (B&N), le libraire le plus important aux États-Unis, a également lancé son lecteur de livres électroniques, le nook, en 2009, et commercialise aussi l'autopublication (Pub!It). Son arrivée en Europe suivra sûrement... un jour...

En 2012 il fallait vendre sur Itunes, Amazon, La Fnac, Kobo, Immateriel.
Via le distributeur *immateriel*, mes ebooks y sont en vente.

En 2013, 2014 : Samsung, Orange, Booken... Carrefour lance en octobre 2013 un partenariat avec le constructeur français...

J'avais contacté Kobo avant leur arrivée (content@kobobooks.com) en essayant de traduire en anglais un mail de présentation :

Bonjour,

J'ai un catalogue de 30 ebooks, disponible en PDF et ePub.
Je vends en direct et via des librairies en lignes (avec un distributeur)

Je souhaiterais travailler en direct avec vous (pour préparer votre arrivée en France)

Amitiés

Stéphane Ternoise
http://www.ecrivain.pro

Hello,

I have a catalog of 30 ebooks available in PDF and ePub.
I sell directly and through online bookstores (with distributor)

I would work directly with you (to prepare for your arrival in France)

Friends

Stéphane Ternoise
http://www.ecrivain.pro

J'avais reçu un dossier à compléter, en anglais. Nul doute qu'un jour des interlocuteurs familiarisés à la langue française seront disponibles (sur *Writing Life* désormais) mais... j'ai demandé à Xavier Cazin d'Immateriel s'il avait contacté la société... et « naturellement » la réponse fut positive. Je n'ai donc pas perdu de temps avec une gestion personnelle de la distribution sur kobo.

Edistributeur est un métier central pour les ebooks, comme pour la musique (ALIEN PROD distribue mes albums, dans mon activité d'auteur producteur non chanteur). On peut sûrement réussir à gérer ses livres sur les plateformes Kindle, Writing Life, Itunes, Smaswords... leur existence est primordiale, permet de bloquer les velléités politiques toujours désireuses de fermer les portes à l'auto-édition... mais un edistributeur me semble indispensable dans l'auto-édition numérique...

Le Kindle Store français... depuis le 7 octobre 2011

Amazon.fr versant autopublication : Kindle Direct Publishing page https://kdp.amazon.com/self-publishing/
Il suffit de s'inscrire et tout est expliqué (je sais : des ebooks qui reprennent ces informations se vendent mais il ne faut pas exagérer : il suffit de s'inscrire et Amazon fournit une documentation précise)

À part Amazon, il existe la plateforme d'Apple. Il faut s'inscrire à iTunes connect...
https://itunesconnect.apple.com/WebObjects/iTunesConnect.woa/wo/0.0.0.9.7.7.1

Kobo, même principe sur : "*Writing Life*"
http://fr.kobo.com/writinglife

Quant à la plateforme de Barnes & Noble, un écrivain francophone y perdrait sûrement son temps
http://pubit.barnesandnoble.com

Chez Amazon, c'est donc la solution CreateSpace qui mérite le plus d'attention... pour le livre en papier...

Kobo ? (kobobooks.com)

Kobo Inc est une société de la province de l'Ontario, fondée en décembre 2009.

Kobo n'est pas une société inconnue, elle fut la première à proposer un reader sous la barre symbolique des 150 dollars.

Mondialement, Kobo est considéré, au niveau du livre numérique, comme un challenger d'Amazon, Barnes & Noble et Apple.
Kobo revendique 10% du marché.

Le 7 novembre 2011 (un mois après l'arrivée du Kindle) la Fnac lançait en prévente *Kobo by Fnac* à 129,90 euros (les adhérents Fnac ont droit à 30 euros en bons d'achat). Partenariat majeur... mais deux jours plus tard Kobo devenait japonais, racheté par Rakuten pour 315 millions de dollars. Rakuten déjà propriétaire, depuis juin 2010, de PriceMinister, concurrent direct de la Fnac.
Comment se passent les relations ? François-Henri Pinault a acquis la Fnac en 1994, via son groupe PPR (devenu "*Kering*")... et le PDG ne cache pas depuis quelques années qu'il souhaite transformer son groupe en portefeuille de très marques mondiales de luxe. Quand on décode : la cession de la Fnac et de Conforama (elle depuis effective, à Steinhoff International Holdings en 2011). Mais il veut vendre "aux meilleures conditions" (déclaration début 2010). Alors ? Rakuten a-t-il la volonté et les moyens de manger la Fnac ? Fnac, priceminister et Kobo, l'union s'inscrirait dans une véritable logique de vente de livres, papier, neuf et occasion, ebooks pour notre domaine... et le reste... Le combat en France avec Amazon et Apple donnerait un grand vainqueur : le livre. Rakuten peut considérer la Fnac et ses historiques lourdeurs comme un vestige du passé voué à s'éteindre naturellement avec pour toute valeur intéressante une adresse Internet alors à un tarif raisonnable...

III) La promotion « classique »

La promotion se déroulera aussi dans l'ancienne économie du livre et sur l'ensemble du net, des médias sociaux aux blogs en passant par les sites littéraires.
Comme pour un livre papier, il faut donner l'envie d'acheter, ce qu'un écrivain ne sait pas toujours bien faire ! J'en suis un exemple. Déjà : vous serez combien à acquérir cet essai, et parmi vous combien souhaiteront ensuite lire mes romans et pièces de théâtre ? Je devrais sûrement vous les présenter de manière dithyrambique !
Sur le net : ouvrir un site, avec un vrai nom de domaine, pas un truc perso sous orange ou multimania ! Et y vendre l'ensemble de son catalogue, avec paiement par carte bancaire, géré par Paypal dont les options « panier » ou « acheter » sont faciles à utiliser.
Comment donner l'envie ? Prétendre que des milliers d'internautes ont déjà acheté et écrire des témoignages trop beaux pour être réels, ça se voit ! Mais ça sent la supercherie même derrière un écran. Présenter des extraits est plus correct et efficace.
Et se démarquer des écrivaillons ! Car ce n'est naturellement pas une grande nouvelle pour la littérature : en 2009, le nombre des livres auto-édités US a dépassé celui des livres édités par des maisons d'édition. Et ça va continuer. Quasiment tout se publiera ; plus besoin d'être une star pour parvenir à publier des âneries.
La promotion vous semble trop difficile : sachez qu'ils seront rares les éditeurs à effectuer ce travail pour vous, et que même « édité » il vous faudra assurer une grande part de la promotion (certains vous ouvriront quelques portes pour un coût final élevé mais les "modestes éditeurs" n'ont pas les contacts et la notoriété de Gallimard...)
Alors que le mail constitue mon vecteur principal d'information, il m'arrive encore d'imprimer de petits coupons pour les distribuer les jours de marché... Pour les "documents locaux".
J'envisage un mailing général en papier aux acheteurs de mes

premiers bouquins qui ne m'ont pas forcément suivi sur Internet...
Si j'avais les SMS gratuits, peut-être utiliserais-je cette facilité...
C'est à chacun, par rapport à ses écrits, ses publications, sa région (journalistes dignes de ce nom ?) son temps, ses possibilités, de mettre en place son propre plan de promotions. Ici, ce sont des idées générales. Il n'existe aucune vérité incontournable, sauf naturellement qu'avec de l'argent bien plus de choses sont possibles !
Travailleur pauvre, j'essaye ! Et vous ?

IV) Durant votre promotion...

On vous reprochera de ne pas être passé par la sélection des éditeurs...

Les journalistes ont évolué. Internet les a remués. La presse papier est devenue une presse multi-supports. Mais les journalistes sauront qu'il suffit d'ouvrir un compte sur Amazon pour balancer un ebook.
Il faudra expliquer pourquoi vous avez choisi cette voie. Plutôt que de reconnaître l'avoir subie.
Et pas d'hypocrisie ni de politiquement correct / démagogie : il vaut mieux également être journaliste pour obtenir des articles. Philippe Bouvard, sûrement pas à répertorier parmi les écrivains, a remarqué dans ses "*Mille et une pensées*" : « *La confraternité n'est pas un vain mot qui aboutit à ce qu'un écrivain non journaliste a dix fois moins de chances qu'un autre de voir évoquer ses œuvres dans les journaux.* »

Se passer d'un éditeur, ce n'est pas refuser UNE SELECTION.
Mais refuser leur fonctionnement, qui contient la sélection et bien d'autres choses (dont la nécessaire soumission et l'apport de textes qui correspondent à la ligne éditoriale de la maison).
Il y aura toujours une sélection, elle émanera des lecteurs. Elle sera aussi cruelle... Au final les lecteurs décident toujours ? Des acheteurs ça se manipule ! Il existe des as du marketing...
Mais au moins la sélection ne sera plus le diktat d'une sommité qui se demandera si ce livre est ou non rentable, ou de qui l'auteur est l'ami.

Il faudra vendre pour apparaître crédible...

Naturellement, les critères de sélection littéraire, tels que peuvent les pratiquer certains éditeurs, c'est à chacun de se les appliquer, en publiant uniquement des textes aboutis (il m'est arrivé de négliger ce point ! mais le plus souvent je reprends le texte trop vite publié...)

V) Face aux arguments des installés...

Des éditeurs voudraient bien ne pas être débordés par le net. Certes, la dérive du monde de l'édition papier inquiète depuis des années mais finalement, face au tsunami annoncé du numérique, nombreux se satisferaient de positions gelées.
Mais non, une redistribution des cartes est possible. Et pas forcément par l'absorption des petits poissons par les requins.

77 % des livres téléchargés sont des gratuits ! Un drame ?

Une dépêche de l'AFP du 15 juillet 2011 permet aux inquiets du numérique de présenter des "arguments", issus du baromètre REC de l'institut Gfk (enquête réalisée via internet auprès de mille personnes en France)
Bonne nouvelle pourtant : le marché du livre numérique progresse en France, boosté par les tablettes multimédia et liseuses électroniques.
Mais des chiffrent inquiètent : 27% de ebooks téléchargés le sont sur des sites pirates ou illégaux.
Le téléchargement légal : 52 % s'effectue sur les sites des fonds de bibliothèques (Google Books, Gallica, Bibliothèque nationale de France), 41 % sur les sites de librairies (Fnac, 1001librairies.com et chapitre.com sont notés).
Je suppose que les 7 % non répertoriés sont les achats directs aux écrivains, genre ecrivain.pro.
Avoir ignoré 7% des pratiques de téléchargement est déjà une indication du positionnement de cette étude...

Retour aux chiffres notés « sur l'ensemble des ouvrages téléchargés » : 77 % de livres gratuits.
Donc 23 % de livres payants.
Faut-il s'inquiéter ? Non. C'est même plutôt logique, quand les œuvres de Balzac, Victor Hugo, Marcel Proust sont libres de droits, il est surement préférable de les lire avant de se lancer dans du Amélie Nothomb (son *Stupeur et tremblements*, chez *Albin Michel*, parution du livre numérique epub : 16 Juin 2010, prix

indicatif : 10.99 € sur la *librairie Gallimard* du net ; *le livre de poche* neuf, parution du 1er juin 2001 est à 5.50 € et il ne serait pas difficile de dénicher des occasions, poche ou édition originelle, à quelques centimes d'euros) ou Michel Houellebecq (même *La carte et le territoire*, le *Prix Goncourt* 2010, en livre numérique epub à 14.90 € depuis le 30 Novembre 2010 pour un original papier à 22 €).

Ne soyons pas surpris du chiffre suivant : « *seulement 3% des lecteurs indiquent s'offrir exclusivement des ouvrages payants.* »
Qui a eu peur de télécharger des livres gratuits (la peur que ce gratuit soit illégal sûrement) ? Ou était-ce la peur de répondre avoir téléchargé des livres gratuits ?

77% des personnes interrogées ont, pour l'instant, uniquement utilisé des éditions gratuites.
On ne peut pas leur jeter notre ordinateur à la tronche ! S'ils en profitent pour lire les classiques, c'est même plutôt réjouissant.

Nous sommes en concurrence avec le patrimoine littéraire dont la plus grande partie a l'avantage de la gratuité légale.
C'est à nous de convaincre...

VI) Les réseaux sociaux

Les réseaux sociaux sont-ils indispensables aux écrivains et si oui, doivent-ils s'y comporter en gentils sympathiques pour donner envie d'être lus et soutenus ?

Certains n'achèteront jamais mes livres car ils n'aiment pas mes manières sur facebook et twitter. Je n'apporte même pas les réponses aux jeunes qui questionnent sur l'auto-édition mais me contente, au mieux, de leur signaler le titre du livre à consulter. Cela ne se fait pas ! Tu dois partager, aider... consacrer des heures à gérer une e-réputation.

Consacrer au moins trois heures par jour aux réseaux sociaux, s'impliquer dans des groupes facebook, y grimper jusqu'au statut d'administrateur (le petit chef qui vire les méchants qui se contentent de balancer des pubs), naturellement apporter des réponses, partager les informations de ses "amis facetruc"... même se soucier de la vie privée de ces "amis", s'enthousiasmer des photos de leur chien...

Ce genre d'attitude existe. Donc ce genre de conseil d'implication "sociale", vous le rencontrerez. Vous n'êtes pas un monstre si vous considérez facebook comme une simple société américaine transformant votre contenu en support publicitaire à son bénéfice !

Les réseaux sociaux, ce ne sont que des réseaux publicitaires.

Choisissez votre camp ! Mais n'oubliez pas votre qualité d'humain, donc de mortel. Le temps est notre bien le plus précieux. Pourtant la durée moyenne quotidienne de présence devant une télévision dépasse trois (ou quatre ? ou cinq ?) heures...
L'écran d'ordinateur est également devenu une perte de temps, où TF1 s'écrit Facebook.

Même si la télévision est sortie de ma vie depuis une quinzaine d'année, l'impression de perdre du temps me boxe régulièrement. Il m'est arrivé de participer à des conversations absurdes sur facetruc ! J'avoue !

Parmi mes bonnes résolutions : une meilleure gestion du temps de vie... On ne devient pas écrivain avec de bons sentiments prétend un vieil aphorisme. Devient-on écrivain en s'impliquant sur les réseaux sociaux ? On peut naturellement les observer dans l'optique "est-ce ainsi que les Hommes vivent ?"

VII) Payer pour figurer parmi les meilleures ventes donc être visible ?

Quand on lui demande de l'argent, que fait l'écrivain ?

Etre inconnu, c'est difficile ! Payer pour figurer parmi les meilleures ventes ? Sous le titre « *Puissant outil de promotion sur Amazon* » un modeste éditeur essaye de se faire remarquer.

« *Bonjour,*
Je viens de découvrir un moyen plutôt efficace de gagner de la visibilité sur Amazon :
-----dex est un outil dont le fonctionnement est le suivant :
Il faut inscrire son livre numérique sur le site, ça coute 49 € HT. Ensuite, on commande des ventes de son livre, en payant 125% du prix de vente. Par exemple, pour un livre à 0,99€, on paye 1,24€ / vente commandée.
-----dex propose ensuite le livre à une communauté de lecteurs à qui elle rembourse l'achat.
J'ai propulsé deux de mes livres avec ce système, le premier (...) a été 3 du Top 100 Ebook Amazon / kindle avec 80 ventes, et le second (...) 10e avec 35 ventes. (ce qui permet aussi de découvrir un peu le marché.)
Voilà, c'est juste un outil marketing, après, il n'y a pas de miracle, j'ai pu voir le chemin parcouru par les livres qui ont utilisé cet outil, certains ont réalisé un joli parcours (... est toujours dans les 30 premières places depuis plus de 50 jours), d'autres sont repartis très vite dans les profondeurs obscurs, ce sont les lecteurs qui décident...
Pour être parfaitement transparent, je participe à un programme d'affiliation, alors si jamais vous avez envie de tenter l'expérience, c'est sympa pour moi si vous passez par ce lien au moment de l'enregistrement de votre livre :... »

Le débat sur le forum privé s'est rapidement envenimé et après quelques échanges, je précisais « *Aurélien,*
Vous n'avez rien gagné... mais le site en question y gagne à tous

les coups, et si en espoir de gagner un peu avec l'affiliation, vous faites sa promo, il augmente ses bénéfices... et un jour les lectrices et lecteurs qui achètent via ce site pour être remboursés, seront repérés par Amazon qui supprimera leurs commentaires mais peu importe, le site aura fait son bénéfice...

Todd Rutherford, s'octroyait jusqu'à 28 000 dollars de salaire avec un système similaire... Lui vendait des packs de 20 ou 50 bonnes critiques... Accepter d'enrichir ce genre de site, pour un éditeur, ne me semble pas préférable (pour m'exprimer en stoïcien)...»

J'avais été sollicité sur http://www.auto-edition.com par ce site. Le référenceur espérait même une diffusion, un soutien au "bon plan" car il visait ouvertement les auto-éditeurs. Il s'agit bien de se faire de l'argent sur les personnes en recherche de promotion.

Quand on lui demande de l'argent, un écrivain devrait toujours se méfier... mais... il a envie de croire qu'enfin c'est son jour de chance... Si la somme reste modeste, il sait pouvoir se le permettre... comme le rmiste dans un casino peut lancer quelques pièces dans une machine... Alors il ne lit pas les clauses des conditions d'utilisation, autre terme de contrat, il paye !
Doit-on accepter de payer pour (espérer) atteindre illico le top des ventes des plateformes numériques ?
Augmentez artificiellement et significativement vos ventes, propulsez vos ouvrages dans le top 100, le top 20, le top 10, ainsi vous serez visibles et génèrerez de vraies ventes...
Cette approche peut convaincre, et surtout permettre à l'organisateur de cet engrenage d'en vivre...
Nous essayons de mettre en place une économie saine du livre numérique. Où la qualité serait visible. Donc nous devons rester vigilants à toute dérive.
Nous : des auteurs indépendants, avec le statut d'auteur-éditeur, des edistributeurs (enfin, plutôt UN, les autres restés imprégnés des vieux circuits oligarchiques), des éditeurs 100% numériques

qui semblent s'être lancés dans cette aventure avec l'envie de "faire du bon boulot" (même si, porté par mon "utopie" d'indépendance, j'éprouve toujours de petites difficultés avec ces "collègues"... mais je sais bien la difficulté d'assumer toutes les phases solo (wo)man...)
Quand tentent de s'immiscer des "intermédiaires", des accélérateurs de visibilité... mais à condition de payer !... il se trouve toujours quelques "malins" pour saisir l'occasion...
« *Je suis rentré dans mes frais et j'ai eu plus de lecteurs* » pour l'éditeur. « *Je me fais un max de fric* » pour l'intermédiaire.
« *Pourquoi n'en profiterais-je pas pour lire gratuitement* » pour les lectrices et lecteurs. « *Nous allons dans le mur si ce système prend de l'ampleur* », les défricheurs du numérique en francophonie. Ainsi pourraient répondre les quatre acteurs actifs de cette grande aventure. Quant à la plateforme numérique, elle peut osciller entre « *pour moi, ça ne change rien, y'a des ventes, que les gens soient remboursés ensuite, ce n'est pas mon affaire* » à « *nous avons besoin de crédibilité, dans le classement des meilleures ventes également.* »

VIII) La guerre des commentaires contre l'auto-édition

La guerre des commentaires est déclarée contre l'auto-édition

Dès sa sortie, *le guide de l'auto-édition numérique* fut attaqué... Il s'agissait, dans un blog, de prétendre qu'un *autre guide,* édité par un éditeur 100% numérique, recelait plus d'informations pertinentes car naturellement son auteur connaissait bien mieux que moi l'auto-édition (la preuve, il était passé par lulu ! j'ironise dans cette parenthèse mais c'est effectivement la réalité, ce passage par lulu !), qui plus est il était un ami (encore virtuel) du chroniqueur.

Je l'avais donc naturellement lu, ce guide. Au cas où des approches ou raisonnements m'aient échappés en deux décennies de pratique (et je commence à vieillir !). Comme je m'y attendais, l'auteur semble plutôt orienter les auteurs vers un éditeur, au point de ne pas connaître la législation de l'auteur-éditeur ! L'auto-édition (parfois renommée autopublication), c'est trop compliqué !... Blabla... moi j'ai éditeur 100% numérique... Blabla... Il me versera des droits d'auteur...

Le blogueur reporta son "analyse" sur les sites de ventes... là où elles comptent tant... et il ne fut pas le seul. Bizarrement, l'expression "*Achat authentifié par Amazon*" est absente des commentaires négatifs.
Mais quelle ne fut pas surprise de constater récemment que les commentaires 5 étoiles, qui eux possédaient "*Achat authentifié par Amazon*" avaient disparu !

J'ai naturellement essayé d'en deviner la raison. Tout est logique dans ce monde numérique ! Mais il s'avère parfois difficile de comprendre la logique des forces en action.

L'un des commentaires disparus fut écrit par une femme que je connais très bien, un autre par un auteur m'ayant ensuite contacté... les autres me sont inconnus.

Conclusion des recherches : les deux internautes "identifiés" se connectent avec Alsatis, l'opérateur des campagnes au débit certes loin de l'ADSL mais supérieur au bas débit téléphonique... Et tous les abonnés Alsatis, sauf à recourir à un contrat spécifique, ont la même adresse IP.

Un traitement informatique a donc supprimé ces commentaires, les assimilant aux "faux commentaires" ?
Excès de zèle d'un employé après consultation d'une liste répertoriant des commentaires avec une adresse IP identique ? (l'honorable employé aurait trouvé deux commentaires favorables avec la même adresse IP et aurait ainsi supprimé l'ensemble des 5 étoiles ?)

La guerre des commentaires est bien déclarée ! Car, vous l'avez naturellement remarqué, certains commentaires sont de grossiers faux, des louanges d'amis (il suffit souvent de télécharger l'extrait gratuit pour comprendre la supercherie). Je pourrais en fournir une liste tellement le recours semble répandu...

Le "scandale des faux commentaires" nécessite effectivement une véritable lutte. Mais les faux commentaires existent pour glorifier, ou pour nuire...

En plus de ce guide, je suis désormais répertorié comme l'auteur du "*manifeste de l'auto-édition*", donc une cible privilégiée. Les vrais commentaires peuvent-ils contrebalancer les faux ? Car l'époque est à la disqualification de l'auto-édition ! Dans *Les Echos* : "*l'auto-édition a toujours existé : ça s'appelle l'édition à compte d'auteur.*" J'y ai répondu officiellement par un livre numérique (non chroniqué par les *Echos*) : « *L'auto-édition ce n'est pas du compte d'auteur, cher monsieur Arnaud Nourry, PDG Hachette Livre.* » Quant à madame Aurélie Filippetti, toujours ministre de la culture malgré sa sortie du 28 juin 2012 à l'Assemblée générale du SNE (le Syndicat National de l'Edition) « *Tous les textes ne sont pas des livres et c'est précisément à l'éditeur que revient de faire le partage ; c'est lui, qui, devant la*

multitude des textes, doit porter la responsabilité de savoir dire non, quitte à, parfois, commettre une erreur.
Il n'y a pas de livre sans éditeur ; l'éditeur distingue la création, puis il l'accompagne, il la promeut, il la publie ; il favorise sa circulation » et autres délicatesses, je lui consacre partiellement « *Aurélie Filippetti, Antoine Gallimard et les subventions contre l'auto-édition - Les coulisses de l'édition française révélées aux lectrices, lecteurs et jeunes écrivains.* »

Pourtant, le samedi 9 février 2013, entraînée dans les petites phrases sur twitter, tentant de "racheter" son « *c'est l'éditeur qui fait la littérature »,* elle osait dans une parenthèse à 18 heures 15 « *(l'auto-édition est riche de promesses)* » au point que je répondais rapidement en jurant ne pas avoir piraté son compte ! (ce qui ne fut pas repris par le monde impitoyable de twitter capable de retwitter des milliers de fois les banalités des Justin et compagnie). Elle l'a rapidement oubliée, sa parenthèse !

Sur le sujet de la manipulation des foules, je reprends une chronique déjà publiée mais nécessaire pour éclairer les néophytes (il ne m'a pas semblé utile de la réécrire) :

Septembre 2012 restera un grand moment pour les critiques littéraires qui ont pu redorer leur blason, enfin, ils le pensent !
Il y eut d'abord la chute de Todd Rutherford, après révélations par le New York Times de son business plan pourtant public et très lucratif : sa start-up, gettingbookreviews.com, proposait des prestations aux écrivains : la rédaction de critiques positives.
Il suffisait d'acheter 20, 50 bonnes critiques...
Le "petit malin" se serait ainsi octroyé jusqu'à 28 000 dollars de salaire mensuel, grâce au recrutement de « pigistes » peu rémunérés.
Google ferma son compte et Amazon supprima une partie des 4531 louanges répertoriées. Todd Rutherford s'est rapidement lancé sur un autre créneau : la vente de camping-cars mais réfléchirait à un retour au service de la littérature.

Quant à l'auteur de romans policiers britannique, RJ Ellory, dont je n'avais jamais entendu parler avant, pris le doigt dans la confiture, il a avoué se glorifier sur Amazon, via pseudos, naturellement. Il en profitait même pour descendre sèchement ses concurrents.

Jeremy Duns, l'un des ses collègues, a prétendu sur un forum qu'Ellory se cachait derrière les pseudonymes Jelly Bean, Nicodemus Jones... et tout s'enchaîna... RJ Ellory y a en plus gagné une bonne publicité... Car personne n'est dupe : il a simplement appliqué, en le détournant légèrement, le système du copinage (ou du renvoi d'ascenseur) qui prévaut dans la critique classique.

Ce n'est certes peut-être pas très sportif de prétendre en commentaire que l'on est « *l'un des plus talentueux auteurs d'aujourd'hui* »... mais est-il plus honorable, quand on exerce la profession de critique d'un grand média, d'encenser les collègues écrivains publiés chez le même éditeur, qui eux s'empressent avec leur casquette chroniqueur, de renvoyer l'ascenseur ? Non, ça ne se passe pas ainsi ? C'était avant ?

« Certains organes littéraires ont une responsabilité dans la médiocrité de la production littéraire contemporaine. On pourrait attendre des critiques et des journalistes qu'ils tentent, sinon de dénoncer la fabrication d'ersatz d'écrivains, du moins de défendre de vrais auteurs. Non que cela n'arrive pas. Mais la critique de bonne foi est noyée dans le flot de la critique de complaisance. On connaît cette spécialité française, qui continue à étonner la probité anglo-saxonne : ceux qui parlent des livres sont aussi ceux qui les écrivent et qui les publient. »
La littérature sans estomac, de Pierre Jourde, a certes 10 ans. Le monde de la critique a naturellement depuis mis fin à cette pratique... qui en douterait à lire les éloges de certain(e)s ?...

Certes, encore en 2007, le 9 mars, dans *Le Monde*, dans un article de soutien aux libraires, Baptiste-Marrey (noté écrivain), n'hésitait même pas à reconnaître : « *les grands groupes publient, distribuent, vendent et font commenter favorablement les titres qu'ils produisent. »* Normal, il publiait dans *le Monde !* Normal ? C'est tellement banal, entré dans l'inconscient collectif, qu'ils peuvent le reconnaître au détour d'une phrase, sans susciter d'indignation, sans même se rendre compte de l'énormité de l'aveu qui les discrédite plus que nos commentaires. Mais ils continuent, continueront sûrement tant que leurs publications s'écouleront.

Bel exemple, en 2012, de critique déontologique : Gallimard ayant racheté Flammarion : un "écrivain Gallimard" glorifie une "écrivain F" dans *Le Monde des Livres*. Certes, sûrement sera-t-il excusé d'avoir encensé l'incritiquable Christine Angot. Qui plus est, il y a quelque chose de ridicule dans la manière qu'à "Philippe Forest, écrivain" de présenter *Une semaine de vacances*, débutant : « *À juste titre, on dit souvent d'un vrai roman qu'il est irrésumable, car en rendre compte sous une forme autre que celle que son auteur a choisie revient précisément à défaire ce que celui-ci a voulu faire. C'est particulièrement le cas avec le nouveau livre de Christine Angot.* " Plus loin : « *Disons simplement qu'*Une semaine de vacances *réécrit* L'Inceste *(Stock, 1999), le plus célèbre des romans de Christine Angot.* » Oui, disons-le simplement "Philippe Forest, écrivain" a débuté sa carrière par un "Philippe Sollers", au Seuil, en 1992. Philippe Sollers icône du *Monde des Livres*. Une grande famille...

Faux commentaires et autres supercheries... ainsi va notre univers. Vous devez naturellement l'assimiler pour avoir une chance d'exister avec vos livres auto-édités...

Ce livre subira-t-il également des attaques sur Amazon ? Chaque lectrice et lecteur peut lui attribuer des étoiles et des commentaires... Vous qui n'avez peut-être pas l'habitude d'ainsi juger, je me permets de vous le demander... si vous y possédez un compte...

G - La distribution des livres, papier et numérique

Elle est déjà abordée dans les chapitres précédents. Néanmoins, je lui accorde une entrée : il s'agit du maillon "invisible" mais essentiel de "la chaîne du livre" : un livre invisible ne se vend pas !

Donc certains ont organisé la filière du papier afin que seuls leurs livres soient vus !

Arrivé à ce stade de la lecture, vous percevez les raisons réelles des attaques contre Amazon ? Nos livres y sont disponibles ! Et rien que cela, même sans mise à la une, ça doit leur sembler inacceptable ! Pas pour les centaines d'euros que nous pouvons espérer y glaner chaque mois. Ils ne sont pas à ce point ! Mais pour l'exemple que cette réussite pourrait causer chez "leurs auteurs."
Les écrivains doivent croire qu'il n'existe aucun autre chemin : ils doivent s'agenouiller devant un éditeur membre du SNE. C'est ça l'édition !
Donc, pour le papier, excepté Amazon, l'arme fatale reste l'accès aux 25 000 points de vente...

Pour le numérique, le même modèle a failli se reproduire...

I) La distribution des livres en papier

Des éditeurs aux 25000 points de vente, il semble logique qu'une profession se soit développée pour gérer la logistique. Il s'agit du distributeur. Naturellement, dans un système "démocratique", l'état réglementerait cette activité, interdisant qu'un même groupe puisse contrôler des éditeurs et des distributeurs, ce qui fausserait naturellement la donne, le distributeur, même le plus honnête du monde, souhaitant "un jour ou l'autre" plaire à ses actionnaires et finissant par privilégier son groupe, ou même imposer aux "partenaires extérieurs", des marges étouffantes ou mortifères. Surtout si le groupe souhaite racheter l'éditeur ! On peut contrebalancer en opposant que dès qu'il existe deux distributeurs, ils se combattront pour attirer un maximum d'éditeur en leur proposant des services d'excellent rapport qualité prix. Dans un univers d'édition bisounours, sûrement.

Le rôle du distributeur vous est inconnu ? « *Alors que dans les autres pays comparables l'éditeur et le distributeur sont deux acteurs bien distincts, les principales maisons d'édition françaises ont développé leur propre circuit de distribution, à l'exemple de la Sodis appartenant à Gallimard ou de Volumen dans le cas du groupe La Martinière. En contrôlant le processus de distribution, les éditeurs français se sont donnés les moyens de dégager des marges plus importantes qu'avec leur seule activité éditoriale.*
L'intégration de la distribution reste aujourd'hui encore l'une des principales sources de la bonne santé économique des éditeurs français (...)
Avec la transmission directe d'un texte depuis une plate-forme de téléchargement vers une tablette ou une liseuse, l'impression et la distribution du livre ne sont plus nécessaires. Or c'est cette dernière étape de la chaîne du livre qui est aujourd'hui la source majeure de rémunération pour l'éditeur. »
Note d'analyse officielle gouvernementale, mars 2012
http://www.strategie.gouv.fr/system/files/2012-03-19-livrenumerique-auteurs-editeurs-na270_0.pdf

L'essentiel est résumé. Par un acteur impossible de taxer pro-auto-édition !

On peut s'étonner des exemples : exit les deux premiers distributeurs, ceux des groupes Hachette et Editis, les leaders de l'édition. Mais naturellement, dans une note officielle, la mise en valeur de Gallimard et La Martinière doit sembler préférable. Cinq distributeurs se partagent plus de 90% du marché : Hachette Distribution, Interforum (Editis), Sodis (Gallimard), Volumen (Seuil-La Martinière), Union Distribution (Flammarion). En rachetant Flammarion, Gallimard est devenu un poids lourd de l'édition française, le troisième groupe. Il a aussi acquis un distributeur et le rapprochement Sodis - UD semblerait logique.
Le pouvoir de négociation des fournisseurs extérieurs, les petits éditeurs, est quasi nul face à ces mastodontes.
Jean-Claude Utard, dans le résumé de son cours sur l'édition française à l'Université Paris Ouest Nanterre La Défense, note :
« *Un éditeur petit ou moyen est donc contraint de déléguer ce travail* [distribution et diffusion] *et se retrouve dans une situation où il n'est pas complètement libre de choisir : c'est le distributeur et le diffuseur qui, en fonction des rythmes de parution, des chiffres et du volume des ventes de cet éditeur et de sa complémentarité avec les autres éditeurs de son catalogue, en définitive acceptent de le prendre en compte. Une caution est en général exigée alors par le distributeur et la rémunération du distributeur et du diffuseur consistera en un pourcentage sur les ventes (10 % en moyenne pour la distribution), souvent assorti de la condition d'un chiffre d'affaire minimum (et donc d'une rémunération minimum pour le distributeur et le diffuseur).* »
Une caution et un chiffre d'affaire minimum : ainsi la porte est fermée à l'auteur-éditeur, discrètement, sans nécessité de préciser « réservé aux éditeurs adhérents du SNE. » **Il suffit d'imposer des contraintes économiques pour exclure, inutile de censurer.**
Avant le numérique, c'était simple : un livre sans distribution est un livre invisible, invisible également pour les médias. Donc il

suffit de tenir la distribution pour tenir les écrivains. L'auto-éditeur ne pouvait dépasser un rayonnement régional au point que « le roman du terroir » semblait parfois le seul apte à barboter dans ces eaux polluées.
Les portes de la distribution sont, en partie, défoncées par le numérique. Mais les médias restent de marbre. Et grâce aux aides de l'Etat, le livre en papier continue à très bien de porter.

L'argent public pourrait, devrait, apporter de la démocratie dans la chaîne du livre, en ouvrant à tous les circuits de distribution, l'accès aux 25 000 points de vente. Mais il renforce les positions de l'oligarchie. Frédéric Mitterrand, Aurélie Filippetti, même conception de la cinquième République.
Vous avez cru au changement mais Aurélie Filippetti n'est qu'une anagramme de Frédéric Mitterrand. Mais non, ne vérifiez pas, c'est une image !

II) **Les edistributeurs...** (*Numilog* et *Immateriel*)

Deux web-distributeurs (aussi libraires) franco-francophones sont vraiment visibles (il existe deux autres edistributeurs : *Eden-Livre* développé par Gallimard, Flammarion, La Marinière, Le Seuil et *e-Editis* d'Editis, mais ils semblent inaccessibles aux indépendants) : *Numilog*, avec 55 000 livres numériques disponibles en juillet 2011 et *Immateriel* (46 576 références).
J'ai contacté les deux et reçu, en avril 2011, pour chacun, une proposition.

Le plus important était alors *Numilog*, créé en avril 2000 par Denis Zwirn, toujours son patron mais devenu en 2008 une filiale du géant *Hachette Livre*.
Ainsi, le premier groupe français d'édition avait acquis la jeune structure novatrice, une infrastructure permettant de distribuer les ebooks maison... naturellement les bras grands ouverts aux autres éditeurs. Ne vous inquiétez pas du numérique, nous nous occupons de tout ! Comme c'aurait été beau, un monde Lagardère !

Dans *Le Figaro* du 6 mai 2008, Arnaud Nourry commentait : « *Il s'agit de préparer l'avenir. Le projet de rachat de 100 % du capital de Numilog ne constitue pas une grosse opération financière. Elle ne se monte qu'à quelques millions d'euros. Mais cette acquisition marque une étape majeure dans notre stratégie numérique. Avec Numilog, notre groupe va se doter d'une infrastructure permettant de distribuer des livres édités par le groupe, ainsi que par des éditeurs extérieurs, en formats numériques en permettant à chacun de conserver le contrôle de ses contenus. La société a vocation à offrir ses services à tous les éditeurs du marché à l'image du système de distribution des livres sous forme papier existant de longue date au sein de Hachette Livre.* »

Phrase fondamentale pour comprendre la distribution souhaitée, le vieux souhait d'un tuyau d'entrée unique : « *La société a vocation à offrir ses services à tous les éditeurs du marché à l'image du système de distribution des livres sous forme papier existant de longue date au sein de Hachette Livre.* »

Question intéressante du Figaro. Oui c'est possible !
- Quel est l'intérêt pour Numilog et son fondateur, Denis Zwirn, de s'adosser à Hachette Livre ?
Arnaud Nourry : - « *Numilog est le premier agrégateur de livres numériques francophones et la principale plate-forme de distribution en France, avec une offre de 43 000 titres dans tous les formats, dont une majorité d'édition professionnelle. Le livre numérique compte deux autres concurrents dans l'Hexagone, Mobipocket, filiale d'Amazon, et Cyberlibris. Le marché a été plus lent à se développer que ne l'imaginaient les fondateurs de Numilog en mars 2000. Le téléchargement de livres ne représente pas encore grand-chose.* »
Nous pouvons donc concevoir que monsieur Denis Zwirn fut contraint de vendre faute de liquidités ? Peut-être croyait-il aux chiffres de nouveau balancés par monsieur Nourry « *D'ici à cinq ans, il pourrait peser entre 1 % et 5 % du marché de l'édition grand public.* »
Je me demande même si ces déclarations guère optimistes ne visaient pas à acquérir « facilement » Numilog. Vraiment l'esprit mal tourné ?

Hachette aurait pu « *se doter d'une infrastructure* » en la créant. Il n'était pas trop tard et la question utile aurait été « pourquoi avoir racheté Numilog plutôt que de créer cette compétence en interne ? » Acheter Numilog, c'était acheter LE distributeur numérique français, supprimer un concurrent. Le grand objectif semble bien avoir été d'en faire l'unique plateforme d'edistribution afin de contrôler le marché et gagner « un peu » sur tout ebook français. Ah si « tous les éditeurs » avaient en eux quelque chose de Lagardère ! Et c'est donc cette perspective qui fut même appuyée en 2009 par le gouvernement Fillon... (si l'on en croit monsieur Gallimard et les notes officielles)

Immateriel.fr fut justement fondé en 2008. Son directeur, Xavier Cazin, fut pendant 10 ans directeur éditorial de la filiale française d'O'Reilly, et a souhaité « ouvrir » la distribution numérique. Via un partenariat avec le diffuseur et distributeur *Dilisco* (filiale du groupe *Albin Michel*), il a conçu une plate-forme de distribution numérique : *Dilithèque*.

Les conditions proposées par *Immateriel* m'apparurent meilleures : 35% de commission de distributeur (comprenant la remise accordée aux revendeurs) dans « le cas général », portés à 40% pour iTunes, FNAC et Amazon, enseignes qui exigent 30% de remise. Naturellement sur le prix HT.
Chez *Numilog* : 50%.
J'ai donc signé avec *Immateriel*.
Un ami effectua la même démarche. *Numilog* lui a proposé des conditions encore plus lourdes :

« *L'Auteur versera à Numilog un forfait par Ouvrage pour la présence des Ouvrages sur les sites www.numilog.com et www.jepublie.com à la date de signature du Contrat (montant dépendant de la prestation assurée par Numilog, les tarifs applicables étant ceux affichés sur le site www.jepublie.com au jour de la signature du Contrat). Le montant du forfait est mentionné dans les Annexes en face de chaque Ouvrage. Il est payable avant la mise en ligne de l'Ouvrage.* »

Avec toujours une remise de 50% sur le montant H.T. des ventes.

Et page nos-tarifs.aspx de jepublie.com, c'est bien cher !

Traitement du fichier jusqu'à 200 pages (roman, essai) :
Prise en charge et vérification d'un fichier PDF mis en page par vos soins : 150 euros ! (si vous m'envoyez 75 euros et un PDF, je vous promets de le « vérifier » !!!)

Réalisation de couverture du livre à partir d'un de leurs modèles standards (sans illustration) : 90 €

Alors que la Création graphique personnalisée est à 190 €

Diffusion numérique au format eBook :
Distribution en ligne d'un eBook au format PDF ou ePUB conforme aux normes eBook : 190 €

D'autres options proposées pour alourdir la note. Il existe aussi page nos-offres.aspx un forfait "Publication" à 1 055 euros avec 100 exemplaires imprimés (de 200 pages maxi) et un forfait "Tout numérique" à 450 euros (pour 450 euros vous avez : finalisation de la mise en forme (à partir de votre fichier texte préparé), réalisation d'une couverture standard, adaptation et conversion aux formats de lecture numérique PDF et ePub, distribution numérique à partir de www.numilog.com)

Jepublie.com se présente comme un site d'aide à l'auto-édition, avec dès sa page d'accueil le titre "*Publier un livre en auto édition.*" Et une profession de foi : « *L'autoédition permet d'éditer son livre et de l'imprimer simplement à moindre coût en conservant vos droits d'auteur.*
JePublie vous accompagne dans la réalisation de votre projet éditorial par un suivi personnalisé afin que votre livre soit de qualité professionnelle. »
Je suis d'accord avec la première phrase mais doute fortement que l'auto-édition ait besoin de tels intermédiaires. Qui plus est l'auto-édition numérique.
Comme j'ai écrit « ne payez jamais un éditeur », j'ajoute « ne payez jamais une aide à l'auto-édition. »

Ça vous semble surprenant qu'une filiale du premier groupe français d'édition propose (proposait) de tels services ? Lisez *Le Pendule de Foucault* d'Umberto Eco ! Désormais, plus besoin de petites portes entre l'édition noble et celle où l'auteur paye. Il suffit d'un lien ! Les recalés des « éditeurs classiques » reçoivent déjà le petit conseil d'une auto-édition assistée ?
L'auto-édition ne doit pas se limiter aux recalés de l'édition classique mais s'adresse d'abord aux écrivains qui pourraient être

publiés par des éditeurs respectables mais préfèrent l'indépendance.

Si je me suis intéressé à ce site, c'est uniquement car « *Numilog est aujourd'hui le premier eDistributeur-Diffuseur français de livres numériques* », comme noté dans leur mail du 12 avril 2011 où je prenais contact avec cette société.

D'autres sites doivent proposer des prestations similaires et sûrement à un tarif encore plus élevé.

Le premier eDistributeur-Diffuseur français de livres numériques devrait, selon moi, mesurer sa responsabilité historique dans le passage à une littérature dématérialisée et "ouvrir ses portes." Conserve-t-il aussi 50% des revenus des ebooks publiés par "les grands éditeurs" ?

J'ai alors recontacté *Numilog* pour obtenir le contrat de distribution. Je n'ai rien reçu ! Est-ce qu'entre temps une décision de relation avec les auteurs éditeurs indépendants avait été prise ? Désormais, pour figurer sur *Numilog*, un auteur-éditeur indépendant doit payer, en passant par jepublie.com ? Comme ce n'est pas écrit textuellement, je leur ai posé la question, par mail. Si *Numilog* refuse les auteurs-éditeurs indépendants et leur conseille jepublie.com, ça y ressemble...

Immateriel.fr sera donc « sûrement » très sollicité par les indépendants. C'est ce que fit Michel Carcenac, en se présentant de ma part. L'ouverture d'un compte éditeur ne lui fut pas accordée : il lui fut conseillé de passer par Ternoise éditions. Je crois cela inévitable : le distributeur pourra difficilement ouvrir un compte pour chaque auteur du pays ! Regroupez-vous ! Je suis ainsi devenu « éditeur propulseur » http://www.editeur.pro pour Michel Carcenac. Je lui reverserai l'ensemble des revenus HT. Naturellement, je ne pourrai pas réaliser cette prestation gratuite pour l'ensemble des auteurs du pays. C'est aussi une question d'amitié. Un coup de cœur sur un parcours et un livre pourrait aussi me décider... Mais ce n'est pas mon objectif : prenez-vous en main !

Naturellement, il me semble logique de contacter *Immateriel.fr* uniquement quand vous aurez réalisé l'ensemble des formalités administratives. Et de préférence avec plusieurs livres à votre catalogue...

Après avoir acheté Numilog en 2008, avec l'ambition d'en faire la plateforme unique d'edistribution en France, Lagardère l'a revendue à son créateur début 2012... Mais la politique de Numilog semble ne pas avoir été modifiée vis-à-vis des vrais indépendants.
Le 16 avril 2012, un communiqué de presse expliquait : Hachette Livre cède Numilog à Denis Zwirn. « *Face à l'évolution du marché du livre numérique en France et pour lui permettre de prendre une place éminente au cœur des outils interprofessionnels, Hachette Livre a décidé de rétrocéder Numilog à Denis Zwirn, son fondateur et Directeur Général.*

Numilog, qui demeure un partenaire privilégié de Hachette Livre sur le marché du livre numérique, va désormais pouvoir offrir ses services (distribution de fichiers numériques, vente directe ou indirecte de livres numériques, création et administration des sites de libraires et GSS en marque blanche) à tous les acteurs de la chaîne du livre. »

Il semble qu'avec les gros vendeurs, Amazon et Itunes, Hachette Livre passe en distribution directe et qu'elle confie à Numilog la edistribution vers les points de ventes "mineures."

Arnaud Nourry eut droit à sa petite phrase dans le communiqué :
« *Je souhaite que Numilog puisse apporter tout son savoir faire et sa technologie aux projets interprofessionnels importants qui voient le jour, au premier rang desquels la numérisation et la mise à disposition des œuvres indisponibles du XXe siècle.* »
Quant à Denis Zwirn : « *L'expérience au sein du groupe Hachette Livre fut très enrichissante pour Numilog. Pionnier du livre numérique en France, nous tournons aujourd'hui une*

nouvelle page de notre histoire. Cette autonomie offre à Numilog de nouvelles perspectives de croissance en lui permettant d'offrir ses services à toujours plus d'acteurs de la chaine du livre, éditeurs ou libraires. »

Malgré l'échec de François Fillon en 2009 - 2010, l'ambition existe toujours de « *réunir les acteurs de l'édition et de la distribution du livre pour aboutir à un regroupement de la distribution française du livre numérique autour d'une plateforme unique.* » (Les acteurs de la chaîne du livre à l'ère du numérique - Les auteurs et les éditeurs, Note d'analyse gouvernementale 270 - Mars 2012)

Antoine Gallimard, invité du *Buzz Média Orange Le Figaro*, le 22 novembre 2009, aborda ce sujet. Le compte rendu sur le site du Figaro : « *Au sujet des trois plateformes d'e-distribution créées par des éditeurs* [ce qui n'est pas totalement exact, Numilog ayant alors été racheté] : *Eden (Gallimard), Numilog, et eEditis. Le gouvernement veut qu'il n'y ait qu'une seule plateforme. On essaie de se regrouper. Qu'il y ait au moins une interopérabilité entre les plateformes et qu'il y ait une vitrine unique pour les libraires et les lecteurs* ».
http://www.lefigaro.fr/medias/2009/11/22/04002-20091122ARTFIG00057-le-livre-numerique-est-un-livre-a-part-entiere-.php

Oui à l'interopérabilité, non au contrôle par une entité oligarchique.

H - Des parlementaires, des élus contre l'auto-édition !

Soit l'auto-édition est absente des débats, soit elle est la cible des lois ! Aucun parlementaire ne semble issu de cette mouvance. Naturellement, tout élu étant subventionneur, il trouvera facilement un éditeur... puisqu'il ne s'agit pas pour lui de bâtir une œuvre (sinon il ne consacrerait pas du temps aux nécessités des partis) mais d'une édition de vanité.

I) **Instructive histoire de la TVA réduite sur le livre numérique**

Retour sur le long et tortueux chemin de la TVA réduite sur l'ebook.

François Baroin, alors ministre du Budget, après avoir prétendu qu'une TVA réduite sur le livre numérique s'avérait « *contraire au droit européen* », était revenu sur le sujet en soutenant une « *certaine exception française en matière culturelle.* »
Entre temps, le Sénat avait adopté, le lundi 22 novembre 2010, trois amendements au projet de loi de finances, pour revoir le taux de TVA, alors à 19,6%.
Le sénateur Jack Ralite avait défendu notre livre numérique : « *toujours un texte, une œuvre de l'esprit à laquelle un taux réduit doit s'appliquer.* »
La commission mixte paritaire députés - sénateurs a validé l'application de cette TVA sur l'ebook... mais en a reporté l'application au 1er janvier 2012.

Certes, un problème d'harmonisation européenne demeurait et Jacques Toubon, ancien ministre de la Culture, ayant été chargé des négociations avec nos partenaires, l'issue du dossier restait incertaine...

Il ne fallait cependant pas croire que ce coup de rabot à la TVA se traduirait immédiatement en baisse des prix des ebooks chez les installés : l'exemple des restaurateurs, eux aussi bénéficiaires des 5,5%, rappelle que des marchands sont... des marchands... Mais pour les indépendants, comme nous l'avons vu dans le calcul « pour en vivre », c'est une bonne bouffée d'oxygène.

II) Le prix unique du livre numérique : une loi à connaître pour ne pas l'appliquer si on le souhaite !

Connaître cette loi permettra surtout de rester dans la légalité et d'utiliser les « failles » pour agir comme on le souhaite, ou comme l'exigent des sites sur lesquels on tient absolument à être référencé.

Officiellement, il convenait d'étendre au livre numérique les dispositions de la loi de 1981 sur le prix unique du livre, de forcer l'ensemble des libraires à vendre les ebooks au prix fixé par l'éditeur. Cet objectif peut sembler louable mais un objet dématérialisé ne s'encadre pas comme un bouquin papier. À n'avoir écouté que les lobbies, nos représentants ont légiféré pour pas grand-chose.

Députés, sénateurs, lobbies et même Frédéric Mitterrand ont énormément œuvré et *la loi relative au prix du livre numérique* fut publiée au *Journal Officiel* du 28 mai 2011. Elle s'applique désormais. Elle est quasiment inutile. Elle n'est que le témoin de l'incompréhension fondamentale de notre révolution numérique par ces *élites*.

Pourquoi presque inutile ? Facile de ne pas l'appliquer ! Il suffit d'être puissant comme Amazon, Apple ou Google et de le vouloir. Et il suffit aux éditeurs de le vouloir pour changer les prix suivant les endroits de vente.

Il est légal de vendre sur son site moins cher que sur les librairies en ligne ! Il suffit de créer « un autre livre », simplement attribuer un autre numéro d'ISBN.

Les éditeurs qui souhaitent vendre très cher les ebooks ont voulu cette loi et nos assemblées leur ont concocté le texte le plus légal possible (qui ne résistera peut-être pas à une plainte devant la Cour de justice de l'Union européenne) sans même aborder dans son ensemble la logique numérique : en essayant d'interdire une vente « discount. » Si demain, Amazon, Apple ou Google décident de vendre des ebooks à 9 euros 99 maxi, les éditeurs auront le choix entre ne pas être référencés sur ces plateformes ou accepter, créer un numéro d'ISBN spécifique pour le puissant réseau.

Lionel Tardy les a pourtant prévenus...

Lionel Tardy, député UMP de Haute-Savoie, s'est opposé à cette loi, considérant qu'il suffira que soit adressée une question préjudicielle à la Cour de justice de l'Union européenne, pour suspendre (en attendant le verdict) son application.

Son intervention du 17 mai 2011 à l'Assemblée :

« ... sous la pression de nos industries culturelles, nous multiplions les points de conflits (...)

Sur le sujet précis de l'application de cette loi aux distributeurs étrangers, je vois mal comment nous allons nous en sortir.

Dès la première application qui en sera faite, une question préjudicielle sera posée à la Cour de Justice de l'Union Européenne.

Elle répondra plus ou moins vite, et pendant ce temps, l'application de cette loi sera suspendue.

Comme on peut s'y attendre, car le droit communautaire est très clair, la réponse nous sera défavorable, nous aurons tout perdu.

(...)

En tant que législateur français, je commence à en avoir assez de voter des lois que l'on sait contraire au droit communautaire.

Nous avons choisi d'intégrer l'Union Européenne, ce qui implique de reconnaître la supériorité du droit communautaire sur notre droit national.

Je ne comprends pas pourquoi nous nous obstinons encore à ignorer cela dans cette enceinte.

Vous comprendrez donc que l'européen convaincu que je suis ne peux pas accepter de valider un texte de loi qui contrevient ouvertement et sciemment au droit communautaire.

Je voterai donc contre ce texte et j'attends avec impatience le verdict de la Commission Européenne et la CJUE. »

La loi n°2011-590 du 26 mai 2011

La loi n°2011-590 du 26 mai 2011, relative au prix du livre numérique, fut publiée au Journal Officiel du 28 mai 2011.

Journal Officiel n°0124 du 28 mai 2011, page 9234 :

L'Assemblée nationale et le Sénat ont adopté,
Le Président de la République promulgue la loi dont la teneur suit :

« *Article 1*

La présente loi s'applique au livre numérique lorsqu'il est une œuvre de l'esprit créée par un ou plusieurs auteurs et qu'il est à la fois commercialisé sous sa forme numérique et publié sous forme imprimée ou qu'il est, par son contenu et sa composition, susceptible d'être imprimé, à l'exception des éléments accessoires propres à l'édition numérique.
Un décret précise les caractéristiques des livres entrant dans le champ d'application de la présente loi. »

La définition semble trop vague à de nombreux commentateurs. Le décret ne manquera pas d'apporter des définitions précises, là n'est pas l'essentiel. Certains réduisent à "*qu'il est, susceptible d'être imprimé*", occultant "*par son contenu et sa composition*" pour balancer une analyse abracadabrante.

« *Article 2*

Toute personne établie en France qui édite un livre numérique dans le but de sa diffusion commerciale en France est tenue de fixer un prix de vente au public pour tout type d'offre à l'unité ou groupée. Ce prix est porté à la connaissance du public.

Ce prix peut différer en fonction du contenu de l'offre et de ses modalités d'accès ou d'usage.

Le premier alinéa ne s'applique pas aux livres numériques, tels que définis à l'article 1er, lorsque ceux-ci sont intégrés dans des offres proposées sous la forme de licences d'utilisation et associant à ces livres numériques des contenus d'une autre nature et des fonctionnalités. Ces licences bénéficiant de l'exception définie au présent alinéa doivent être destinées à un usage collectif et proposées dans un but professionnel, de recherche ou d'enseignement supérieur dans le strict cadre des institutions publiques ou privées qui en font l'acquisition pour leurs besoins propres, excluant la revente.

Un décret fixe les conditions et modalités d'application du présent article. »

Fixer un prix de vente au public pour tout type d'offre à l'unité ou groupée ouvre naturellement un boulevard : l'epub Apple et l'epub Kindle peuvent ainsi être considérés comme des types d'offres différentes, donc avec des prix différents.

« *Article 3*

Le prix de vente, fixé dans les conditions déterminées à l'article 2, s'impose aux personnes proposant des offres de livres numériques aux acheteurs situés en France. »

Donc, logiquement, un site ne peut pas vendre moins cher mais ne peut pas vendre plus cher... sauf s'il exige un prix déterminé pour « un type d'offre. »

« *Article 4*

Les ventes à primes de livres numériques ne sont autorisées, sous réserve des dispositions de l'article L. 121-35 du code de la consommation, que si elles sont proposées par l'éditeur, tel que défini à l'article 2, simultanément et dans les mêmes conditions à l'ensemble des personnes mentionnées à l'article 3. »

"Prime" est à comprendre dans le sens de remise.

« *Article 5*

Pour définir la remise commerciale sur les prix publics qu'il accorde aux personnes proposant des offres de livres numériques aux acheteurs situés en France, l'éditeur, tel que défini à l'article 2, tient compte, dans ses conditions de vente, de l'importance des services qualitatifs rendus par ces derniers en faveur de la promotion et de la diffusion du livre numérique par des actions d'animation, de médiation et de conseil auprès du public. »

Cet article était vraiment utile ? Il grave dans le marbre numérique qu'un éditeur peut accepter les conditions exigées par un mastodonte de la distribution tout en imposant une marge dérisoire à un modeste libraire accusé de ne pas mettre suffisamment en lumière les ebooks.

« *Article 6*

L'article L. 132-5 du code de la propriété intellectuelle est complété par un alinéa ainsi rédigé :
« *Le contrat d'édition garantit aux auteurs, lors de la commercialisation ou de la diffusion d'un livre numérique, que la rémunération résultant de l'exploitation de ce livre est juste et équitable. L'éditeur rend compte à l'auteur du calcul de cette rémunération de façon explicite et transparente.* » »

Une rémunération juste et équitable ! Quel auteur va oser assigner son éditeur avec cette notion de rémunération juste et équitable ? De toute manière, la rémunération est "*négociée*" (imposée ?) avant édition.

« *Article 7*

Un décret en Conseil d'État détermine les peines d'amende contraventionnelle applicables en cas d'infraction aux dispositions de la présente loi. »

Quel éditeur attaquera en premier un mastodonte de la distribution numérique ?

« *Article 8*

Un comité de suivi composé de deux députés et deux sénateurs, désignés par les commissions chargées des affaires culturelles auxquelles ils appartiennent, est chargé de suivre la mise en œuvre de la présente loi. Après consultation du comité de suivi et avant le 31 juillet de chaque année, le Gouvernement présente au Parlement un rapport annuel sur l'application de la présente loi au vu de l'évolution du marché du livre numérique comportant une étude d'impact sur l'ensemble de la filière.
Ce rapport vérifie notamment si l'application d'un prix fixe au commerce du livre numérique profite au lecteur en suscitant le développement d'une offre légale abondante, diversifiée et attractive, et favorise une rémunération juste et équitable de la création et des auteurs, permettant d'atteindre l'objectif de diversité culturelle poursuivi par la présente loi. »

Les membres de ce comité de suivi vont acquérir cet essai ?

« *Article 9*

La présente loi est applicable en Nouvelle-Calédonie. »

Cet article était sûrement nécessaire pour cette collectivité qui relève encore de la souveraineté française malgré un statut de large autonomie sui generis (ou « de son propre genre ») instauré par l'accord de Nouméa.

« *Article 10*

Sous réserve des décisions de justice passées en force de chose jugée, sont validés, à la date de leur délivrance, les permis de construire accordés à Paris en tant que leur légalité a été ou serait contestée pour un motif tiré du non-respect des articles ND 6 et ND 7 du règlement du plan d'occupation des sols remis en vigueur à la suite de l'annulation par le Conseil d'État des articles N 6 et N 7 du règlement du plan local d'urbanisme approuvé par délibération des 12 et 13 juin 2006 du Conseil de Paris.
La présente loi sera exécutée comme loi de l'État. »

J'ai lu et relu cet article 10. J'ai même actualisé la page sous legifrance.gouv.fr ; je ne comprenais pas ! Comme vous sûrement, je ne voyais pas le rapport. Une erreur informatique ? L'affichage d'un article d'une loi précédente ? Surprenant alors qu'elle n'ait pas été rectifiée. J'ai naturellement fouiné. Et ce n'est pas à la gloire de nos députés. Qu'elle est loin l'ambition de la loi Lang de 1981 qui espérait montrer l'exemple au monde : pour avoir introduit cet article, nos députés doivent mesurer toute l'inutilité de leur texte !

Donc, les députés UMP et PS ont approuvé un amendement qu'ils ont cosigné, déposé juste avant l'ouverture des débats, et qui vise à "permettre la poursuite, dans les meilleures conditions, de la construction du musée d'art contemporain" de LVMH à Paris, dans le bois de Boulogne.

Le tribunal administratif de Paris ayant annulé en janvier le permis de construire. Le groupe GRD (PCF et Verts) a déploré ce "cavalier" législatif, estimant, lui aussi, qu'il n'avait rien à voir avec un texte sur le livre numérique.

Lionel Tardy fut sûrement le seul député UMP à protester officiellement : « *ce genre de disposition particulière me dérange.* »

Au-delà de l'utilisation inappropriée et scandaleuse de ce texte, il est choquant que les députés UMP et PS s'unissent pour "régulariser", s'opposer à la décision d'un juge.

Si les opposants à la construction de ce musée soulèvent une question prioritaire de constitutionnalité à l'encontre de ce "cavalier législatif", le Conseil constitutionnel devra déclarer cette loi contraire à l'article 45 de la Constitution !

Exit possible de la loi aussi par ce biais !

« *Fait à Paris, le 26 mai 2011...*
Le Président de la République Nicolas Sarkozy. Le Premier ministre François Fillon. La ministre de l'économie, des finances et de l'industrie, Christine Lagarde. Le ministre de la culture et de la communication, Frédéric Mitterrand. »

Mais pour son application réelle, il manquait le décret d'application, donc un passage par l'Union Européenne.

Depuis le 1er février 2012, l'obligation est réelle, pour tout éditeur, de fixer un prix public pour son ebook, un prix unique pour l'ensemble des distributeurs. Et la sanction en cas d'infraction constatée est de 450 euros d'amende.

À mon niveau, donc sûrement au votre, la possibilité de jouer sur les prix importe peu. Il faut déjà essayer d'être visible !

Les débats sur le prix unique des ebooks... méritent toute notre attention

Ces débats ont apporté une nouvelle preuve du poids des lobbies dans notre univers du livre.

Mardi 15 février 2011, les députés ont adopté un texte établissant un prix unique pour les livres numériques, un texte reprenant l'esprit de la prétendue grandissime loi Lang de 1981 pour les livres papier.

« Naturellement », ce prix de vente unique, décidé par l'éditeur, devait s'imposer à tous, mais la Commission Européenne ayant émis des réserves sur cette disposition, il ne s'appliquera pas aux plateformes établies hors de France. À la satisfaction des Amazon, Apple, et autres Google.

Ce ne sont naturellement pas les auteurs ni les éditeurs qui se sont scandalisés en premier mais les marchands.

Dans *Le Figaro* du 15 février 2011, une tribune intitulée *Prix Unique du Livre numérique : oui mais pour tous !*, par Alexandre BOMPARD, Président directeur général de la FNAC, Philippe VAN DER WEES, Président directeur général de CULTURA, Jean-Louis RAYNARD, Président directeur général de VIRGIN STORES, Pierre COURSIERES, Président du Directoire de FURET DU NORD, Guillaume DECITRE, Président directeur général de DECITRE et Jean-Luc Treutenaere, Président du SDLC, le Syndicat des Distributeurs de Loisirs Culturels.

Ces marchands prétendent craindre « *un risque de concentration à court terme du marché du livre entre les mains d'acteurs étrangers et une dépendance du consommateur comme des éditeurs à leur égard.* » Quel aveu, mine de rien ! Donc il convient de dénoncer toute situation où consommateurs comme éditeurs sont placés dans cette dépendance ?... C'est pourtant la réalité du marché du livre papier en France !
Editeur indépendant, mes livres sont vendus chez eux ? Non, car il convient de passer par un distributeur référencé pour avoir une chance d'apparaître dans les points de vente.

Ces braves gens osent prétendre craindre « *un appauvrissement de la création éditoriale par le développement non maîtrisé du livre numérique au détriment du livre papier conduisant, dans un contexte de baisse de prix, à l'impossibilité de rémunérer correctement les auteurs et toute la chaîne éditoriale.* » Ces braves gens se sont un jour souciés de la rémunération des auteurs ?
Il faut sûrement comprendre qu'ils souhaitent pouvoir maintenir des tarifs élevés au livre numérique afin de maintenir leur lucratif commerce du livre papier.
Et ces quasi autoproclamés philanthropes prétendent craindre « *une disparition programmée de librairies qui maillent le territoire français et favorisent l'accès au livre et à la culture : celles-ci seraient dans l'impossibilité de lutter contre les pratiques commerciales prédatrices d'acteurs étrangers tout puissants.* » Oui, les patrons de ces enseignes osent écrire cela ! Certes, dans *Le Figaro*. Fnac et petites librairies, ont enfin trouvé un même combat ? Tous unis contre le pouvoir d'achat des écrivains ! Aucun libraire pour dénoncer ce cynisme ? Trop ravis qu'enfin on pense à eux ? Naïfs au point d'y croire pour de vrai ? Ainsi ces grandes enseignes n'ont pas œuvré à la disparition des petites librairies en exigeant (avec l'arme fatale du déréférencement ou de la non mise en rayon) des marges excessives des éditeurs, qui ne pouvaient accorder les mêmes aux librairies indépendantes ?

Ces puissants patrons étaient entendus : le 29 mars 2011, le Sénat réintroduisait la clause d'extra-territorialité !

Le successeur de Jack Lang dans le cœur de certains français, monsieur Frédéric Mitterrand, s'essayait au grand écart. Après le versant pragmatique de février : « *en l'état actuel du droit communautaire, appliquer le présent texte au-delà de nos frontières irait frontalement à l'encontre de l'objectif recherché. Cela reviendrait, non pas à établir un cadre juridique serein pour la filière, mais à créer, au contraire, un contexte d'insécurité juridique.* »

Le versant Mitterrand du XXIe siècle mange son chapeau, le 29 mars 2011, au Sénat : « *Il est normal que les éditeurs puissent contrôler la valeur du livre quel que soit le lieu d'implantation du diffuseur.*

Il faut que la compétition se joue à armes égales : il serait paradoxal que certaines plates-formes échappent à la régulation. Nous savons que le contrat du mandat restreint l'autonomie du détaillant mais il a fait ses preuves aux États-Unis.

La Commission Européenne a rendu deux avis très réservés sur cette proposition de loi. Le Gouvernement entend promouvoir le dialogue avec les institutions européennes. Il fera valoir que la loi sur le prix unique du livre numérique répond à la préoccupation de diversité culturelle. Je défendrai l'idée que le livre demeure un objet culturel singulier et je signalerai mon étonnement devant la disproportion des moyens déployés alors que le livre numérique émerge tout juste. »

Madame Colette Mélot, rapporteur de la commission de la culture, toujours le 29 mars 2011, dans le même débat, confirme implicitement la présence de puissants lobbies :
« *C'est parce que les parlementaires en sont bien conscients qu'ils souhaitent adopter une régulation adaptée de ce nouveau marché afin de promouvoir la diversité culturelle et linguistique, d'assurer une concurrence loyale permettant la survie des libraires physiques et de respecter le droit d'auteur.* »

Juste avant, monsieur Frédéric Mitterrand, ès ministre de la culture et de la communication, déclarait :
« *Nous célébrons en 2011 les 30 ans de la loi relative au prix unique du livre, cette loi qui, selon Jérôme Lindon, n'était pas tant une question juridique ou économique qu'une "affaire de civilisation."*
Nous savons le rôle joué par cette loi : grâce à elle, 3 500 libraires indépendants ont survécu. La loi Lang du 10 août 1981 a inspiré près de la moitié des pays européens, n'a pas eu d'effets inflationnistes et s'est révélée compatible avec un large éventail de tarifs.
Notre responsabilité collective est de faire perdurer cette loi à l'heure de livre numérique. »
http://www.senat.fr/cra/s20110329/s20110329_21.html

Il est impératif, en période électorale, de prétendre sauver des libraires objectivement condamnés ? Quant à la loi Lang du 10 août 1981, elle est devenue un objet de consensus comme les affectionnent les politiques. Alors qu'en fait, elle a servi à quoi, cette loi ? À permettre aux grosses structures de grossir, à permettre aux gros distributeurs de s'engraisser en exigeant des taux de remises énormes alors que le modeste libraire devait se contenter du pourcentage accordé. Le prix de vente n'est que la partie apparente de l'iceberg et la loi Lang a fermé les yeux sur les marges, les droits d'auteurs et l'accès des modestes éditeurs aux points de ventes. **La loi Lang du prix unique a permis à quelques grosses structures de contrôler l'édition en France**, avec des petits libraires et des petits auteurs condamnés aux miettes.

Retour au Parlement où, le 7 avril, l'Assemblée Nationale adopte une nouvelle version : exit clause d'extra-territorialité mais interdiction de vendre à un tarif différent du prix fixé pour les marchands français. Cette tournure serait conforme au droit européen.

Cette approche du prix unique ne nous concerne pas vraiment : ils organisent un réseau de ventes sur internet comme une simple reproduction de celui du livre papier, avec « **une dépendance** » vis-à-vis des marchands. Ils essayent de régir l'avenir avec les vieux raisonnements du livre papier. Ce n'est finalement guère surprenant quand on observe le parcours de nos élus (des grandes écoles à la soumission aux oligarchies), leur implication dans l'Internet en général et le poids des lobbies : ils n'ont rien compris à la révolution du net.

Autant que le prix de vente, la marge exigée par les intermédiaires est essentielle pour les éditeurs... Mais pas un parlementaire pour proposer un texte sur les marges abusives pratiquées par des professionnels en situation de force...

Une entente entre les "grands éditeurs" pour imposer un tarif élevé au livre numérique français est-elle à craindre ?
Finalement, cela ne serait pas une si mauvaise nouvelle ! Avec nos livres à un tarif décent, nous capterions sûrement des internautes... si nous parvenons à être visibles...

Comme cette notion de tarif décent sera prétendue discount, j'invite les écrivains à rejoindre l'univers ebooks discount : http://www.ebooksdiscount.fr

III) L'argent de "la copie privée", l'auto-éditeur n'y a pas droit

Consommateurs, nous payons très cher pour la copie privée... mécanisme censé soutenir les créateurs... Mais dans le domaine de l'écrit, un livre publié par Lagardère bénéficie de la rémunération pour *Copie Privée* ; un livre publié par Stéphane Ternoise, non !

Pour qu'une loi puisse être déclarée non conforme à la Constitution, il faut qu'elle soit présentée au Conseil constitutionnel.
Il suffit donc de léser des citoyens invisibles et silencieux pour imposer l'illégal !
Ou alors : pour appliquer une loi illégalement, il suffit de s'asseoir autour d'une table entre membres d'une oligarchie et prétendre représenter l'ensemble de la profession ?

« *La rémunération pour copie privée des œuvres bénéficie à parts égales aux auteurs et aux éditeurs* » encadre la loi. Donc l'auteur-éditeur devrait toucher les deux parts ? Non ! La Sofia, l'organisme gestionnaire, réclame un contrat d'édition, exclusion de la profession libérale auteur-éditeur ; le travailleur indépendant ne se signe pas de contrat mais gère sa petite entreprise. C'est ainsi depuis 1985 !

La loi sur la Copie privée respecte la Constitution française ?

La loi est illégale ou la Sofia l'applique illégalement ? Ou ? Aucune réponse sur ce sujet...

Article L311-7 du Code de La Propriété Intellectuelle

« *La rémunération pour copie privée des œuvres visées au second alinéa de l'article L 311-1 bénéficie à parts égales aux auteurs et aux éditeurs.* »

Article L311-1

« *Cette rémunération est également due aux auteurs et aux éditeurs des œuvres fixées sur tout autre support, au titre de leur reproduction réalisée à partir d'une source licite, dans les conditions prévues au 2° de l'article L. 122-5, sur un support d'enregistrement numérique.* »

À lire : ***Loi sur la Copie privée : inconstitutionnelle ou gestion illégale ?***

IV) Rémunération au titre du prêt en bibliothèque... mais pas pour les livres auto-édités

La France s'honore d'aider les écrivains également par la rémunération au titre du prêt en bibliothèque. Leurs livres sont achetés et en plus ils touchent un droit de prêt. Quelle exception culturelle ! Quel bonheur !

Mais les portes du gestionnaire de cette manne financière, de la Société Française des Intérêts des Auteurs de l'écrit (SOFIA), sont fermées aux écrivains indépendants, pourtant professionnels de l'édition, déclarés en profession libérale, auteur-éditeur.

Pourquoi ? Notre chère notion de justice s'arrête là où débutent les intérêts des installés ? Faut-il tout mettre en œuvre pour pérenniser un système où l'écrivain laisse 90% du prix d'un livre aux intermédiaires car « *l'éditeur fait la littérature* » (Aurélie Filippetti, 28 juin 2012) ?

« *Ce texte, que l'on sent écrit par les éditeurs, pour les éditeurs* » déclarait à l'Assemblée, en 2012, Lionel Tardy, lors du grand cirque sur un autre scandale "l'exploitation numérique des livres indisponibles du XXe siècle"... dont les droits (les miettes) seront également gérés par cette Sofia !
Il aurait sûrement pu s'exprimer de la même manière au sujet de la loi du 18 juin 2003 qui a organisé la rémunération au titre du prêt des livres dans les bibliothèques... en excluant une partie des éditeurs, les vrais indépendants !

Une loi peut être inconstitutionnelle : il suffit qu'elle lèse des minorités non représentées au Parlement !

L'existence du droit de prêt en France est une conséquence de la directive européenne n°92/100 du Conseil du 19 novembre 1992, relative au droit de location et de prêt. Elle reconnaît, dans son article 1er, le droit d'autoriser ou d'interdire le prêt d'originaux ou de copies.

La loi du 18 juin 2003 l'a organisé en France en créant un droit à rémunération pour l'auteur au titre du prêt de ses livres dans les bibliothèques. Cette licence légale garantissait aux bibliothèques le « droit de prêter ». Les livres des écrivains indépendants furent donc exclus de la loi ! Comme si certains souhaitaient qu'ils n'entrent pas en bibliothèque...

Adopté à l'unanimité par le Sénat le 8 octobre 2002, le projet de loi relatif au droit de prêt vint ensuite en première lecture à l'Assemblée Nationale le 2 avril 2003 et le Parlement l'adopta le 18 juin 2003.
L'auteur perdait son droit d'autoriser ou d'interdire le prêt des exemplaires de son œuvre... contre une rémunération compensatoire qu'il partage à parts égales avec son cher éditeur... L'auteur, s'entend celui dans le système de l'édition traditionnelle ! Très bonne affaire des éditeurs qui obtenaient 50% des droits alors que ces droits appartenaient le plus souvent à 100% aux écrivains (non repris dans le contrat)
L'exclusion des indépendants figure dans le code de la propriété intellectuelle ! Grande démocratie que la France ! Chapitre 3 du livre premier du code de la propriété intellectuelle.

Article L133-1

« *Créé par Loi n°2003-517 du 18 juin 2003 - art. 1 Journal Officiel du 19 juin 2003, en vigueur le 1er août 2003.*

Lorsqu'une œuvre a fait l'objet d'un contrat d'édition en vue de sa publication et de sa diffusion sous forme de livre, l'auteur ne peut s'opposer au prêt d'exemplaires de cette édition par une bibliothèque accueillant du public.

Ce prêt ouvre droit à rémunération au profit de l'auteur selon les modalités prévues à l'article L. 133-4. »

Petite phrase suffisante : « *Lorsqu'une œuvre a fait l'objet d'un contrat d'édition* ». Un écrivain, auteur-éditeur, ne se fait de contrat d'édition : travailleur indépendant, il assume ses charges avec ses recettes. Auteur-éditeur, une profession libérale... Bientôt 10 ans que cet article existe. Les installés semblent en être satisfaits.

On pourrait conclure, ès béotien juridiquement, qu'en cas de contrat d'édition l'auteur ne peut s'opposer au prêt en bibliothèque mais qu'au sujet du droit à rémunération, tout livre peut y prétendre (même sans "contrat d'édition"). Mais ce n'est pas ainsi qu'est appliquée la loi par la Sofia. Il faut donc en conclure que ce « *droit à rémunération* » s'applique uniquement pour une « *œuvre* [qui] *a fait l'objet d'un contrat d'édition.* » Donc cet article rejette dans les poubelles littéraires tout livre publié sans contrat d'édition ? Tout livre publié par un travailleur indépendant, une profession libérale auteur-éditeur, ne doit pas venir "voler" de l'argent public aux éditeurs "traditionnels" ?

Article L133-4

« *Modifié par LOI n°2009-526 du 12 mai 2009 - art. 45 (V)*

La rémunération au titre du prêt en bibliothèque est répartie dans les conditions suivantes :

1° Une première part est répartie à parts égales entre les auteurs et leurs éditeurs à raison du nombre d'exemplaires des livres achetés chaque année, pour leurs bibliothèques accueillant du public pour le prêt, par les personnes morales mentionnées au troisième alinéa (2°) de l'article 3 de la loi n° 81-766 du 10 août 1981 précitée, déterminé sur la base des informations que ces personnes et leurs fournisseurs communiquent à la ou aux sociétés mentionnées à l'article L. 133-2 ;

2° Une seconde part, qui ne peut excéder la moitié du total, est affectée à la prise en charge d'une fraction des cotisations dues au titre de la retraite complémentaire par les personnes visées aux troisième et quatrième alinéas de l'article L. 382-12 du code de la sécurité sociale. »

Cet article pourrait s'appliquer à l'auteur-éditeur, qui recevrait donc les des parts.

À lire : ***Conforme à notre Constitution, la Loi sur le droit de prêt en bibliothèque ?***

I - Textes "historiques"

I) Faire soi-même : la réponse

Tout se publie... pourvu que le signataire, pas toujours l'auteur, soit connu. Acteur, chanteur, journaliste, politique, présentateur du vingt heures, d'un jeu ou de la météo, sportif, peu importe mais médiatique. Et même écrivain, cathodique, notable, introduit ou critique d'un grand journal. Ajoutons-y le copinage : chaque année un conglomérat poisseux s'abat sur les lecteurs potentiels... qui se soumettent, consomment du baratin au kilomètre, ne lisent plus ou se réfugient chez les classiques. Forcément c'est "la crise du livre", les professionnels récoltent les fruits de leur vénale dérive. Et pourtant persistent, mirettes sur le tiroir caisse : les "coups" gonflent les recettes, les auteurs reçoivent des miettes ou de la monnaie de singe.

Face à cette logique financière, que faire ? Geindre ? Partir à Paris et sympathiser avec une vedette ? Passer par le journalisme ? Abdiquer ? Fomenter un scandale, une polémique ? Traverser l'Atlantique à la nage ? Se contenter d'un éditeur pour l'honneur (qui ne versera aucun droit d'auteur) ? Un écrivain écrit ! Indifférent au dédain des arrivistes arrivés, ces mondains qui pavanent dans les salons parisiens et prétendent atteindre des tirages "corrects"... alors qu'ils conservent un métier... plus lucratif...

Ecrire oui, mais comment exister littérairement sans se compromettre ? Faire soi-même ! Etre son propre éditeur.

Longtemps "faire soi-même" fut l'euphémisme complaisant accordé aux recalés du noble chemin, au "compte d'auteur", arnaque où des naïfs payent pour être publiés, payent de la publicité fictive ou inutile, payent toutes les prestations possibles et imaginables pour finalement rien, l'éditeur leur apprenant que leur texte n'ayant "pas trouvé son public", ils peuvent récupérer l'intégralité (en pareil cas le nombre initialement prévu est imprimé) moyennant... un nouveau chèque ! Ces éditeurs se justifient : ils apportent du rêve.

Une troisième voie existe désormais, fille du progrès : il est né le divin ordinateur ! À prix abordables, traitement de texte et imprimante laser permettent d'éviter soumission à la jungle éditoriale et pièges à passionnés (compte d'auteur donc et "ateliers de conception", son dérivé, qui facture la "mise en page" au prix... du matériel informatique). Il ne reste plus qu'à dénicher un imprimeur sérieux et le moins onéreux possible.

Avec l'autoédition, faire soi-même prend son véritable sens ; une démarche certes marginale et un brin utopiste mais d'avenir, d'auteur-artisan qui fabrique au moindre coût pour vivre son art, continuer, chercher plus loin. Vraiment indépendant et en toute légalité (n° d'éditeur : 2-9506158). Indépendant donc sans réseau de distribution. La grande difficulté. Alors, marcher à la rencontre des derniers liseurs, vendre par correspondance... Un pari catalogué insensé mais audacieux. Une école.

"Tout ouvrage non paru chez un grand éditeur manque de sève et de saveur" clament des pédants. Une liste, longue, d'incontestables talents partis au combat sans écurie, réfute pourtant cette sentence : Balzac, Diderot, Montaigne, Eugène Torquet (premier prix Goncourt), Lautréamont, Voltaire... Même Marcel Proust paya pour publier *Du côté de chez Swann*.

Finalement rien n'a changé : c'est à l'auteur de faire ses preuves, envers et contre les marchands.

Historiquement pouvoir montrer ses textes est une chance : n'oublions jamais que faute d'argent Arthur Rimbaud abandonna *une saison en enfer* chez son imprimeur. Et l'histoire jugera, séparera le mauvais grain de l'œuvre.

PREFACE de l'essai *Assedic Blues, Bureaucrate ou Quelques centaines de francs par mois*, Essai, 1997, 10,37 euros. Disponible en ebook nettement moins cher !
http://www.jean-lucpetit.net

II) En vivre

(écrit en 2005)

La propriété littéraire est la plus légitime de toutes.
Emile Zola

Le métier des lettres est tout de même le seul où on puisse sans ridicule ne pas gagner d'argent constatait Jules Renard. Jules Renard est mort le 22 mai 1910.
L'exigence de vivre décemment de ses écrits est toujours déplacée. Editeurs, distributeurs, libraires, bouquinistes, imprimeurs, attachées de presse en vivent mais l'auteur est prié de confectionner des best-sellers, au moins 200 000 ventes annuelles, s'il veut en vivre.

Alors que 1000 exemplaires vendus à 18 euros, desquels on soustrait les frais d'impression, donnent 15 000 euros. Avec 100 000 francs français, l'écrivain (non mondain) tient facilement son année. Peut continuer.
Tout auteur vendant 1000 exemplaires est en droit d'essayer de trouver une solution pour en vivre. En vivre avec 1000 exemplaires ! Mais c'est de la folie mon cher monsieur ! Olivier Bétourné, des éditions Fayard, déclarait au Nouvel observateur du 21 août 2003 : « *Si nous ne vendons que 1000 exemplaires d'un roman, nous perdons 5000 euros* ».

Toute la différence entre l'édition industrielle et l'édition artisanale.
En vivre est une légitime exigence de l'écrivain. Le gâteau à se partager étant le plus souvent restreint, l'écrivain devra conserver au maximum l'argent généré par ses créations. Et si possible, trouver, inventer, d'autres ressources, des droits dérivés. Internet est une chance.
Eprouver des réticences vis-à-vis de la publicité est compréhensible mais l'utiliser est raisonnable. Utiliser et non s'agenouiller. Des publicitaires désactivent de leur campagne les sites au « contenu non aseptisé »... ce n'est pas grave !

III) Mon propre rôle

Après vous avoir causé de ma démarche en de multiples occasions (quand ce n'était pas une intolérable publicité pour d'autres de mes publications), le vilain auteur sûrement mégalo et égocentrique, ajoute cette entrée ! De quoi choquer plus d'un jeune branleur barbu ! Mais il m'apparait nécessaire de vous expliquer pourquoi et comment ma "théorie de l'auto-édition" s'est développée, ce qui doit vous permettre de trouver votre propre voie. C'était bien la raison de votre achat ? Vous n'attendiez quand même pas une liste, un emploi du temps et les secrets pour vendre !

Ma démarche arrive logiquement au numérique...

En 1991, je n'ai pas cherché d'éditeur : je souhaitais simplement publier un recueil de poèmes : j'ai cherché comment être mon propre éditeur, je souhaitais l'indépendance, par attachement, déjà, à une certaine idée de la liberté (*Liberté, j'ignorais tant de Toi*, fut d'ailleurs le titre de mon premier roman) ; payer une cotisation à une association parisienne d'auteurs autoédités fut nécessaire. Un tarif exorbitant par rapport au nombre de pages d'informations reçues. Je l'ai imprimé à Arras, ce premier livre. Un tarif exorbitant chez cet imprimeur situé à quelques dizaines de mètres de mon employeur. Un employeur qui me laissa utiliser un ordinateur le soir.

Auteur-éditeur, travailleur indépendant, sans avoir rempli l'intégralité des formalités, la faute aux incomplètes informations reçues. Naturellement, avec un peu d'expérience, je n'ai pas renouvelé ma cotisation.
Il m'a fallu du temps pour mettre en place mon « modèle économique » : d'abord changer d'imprimeur pour obtenir un meilleur rapport qualité prix.
En 1998 je publiais une petite brochure : *Faire soi-même, être auteur-éditeur : les démarches, documentation d'aide à l'auto-édition de livres.*

L'auto-édition m'a permis de publier sans contrainte durant presque deux décennies mais avec un public restreint. Avec le recul, je sais que mes romans auraient (sûrement) mérité un lectorat plus vaste. Mais aujourd'hui, leurs droits m'appartiennent totalement. Et tout ce qui fut raté d'un point de vue audience peut survenir.

Les médias avec des pages littéraires, malheureusement liés au monde de l'édition classique, j'ai rapidement cessé de solliciter des journalistes. Même du point de vue local, ce contact aurait été une perte de temps : à quoi bon un article dans la *dépêche du midi !* (à 25 ans, j'avais quitté le nord pour une retraite artistique dans le sud-ouest)

Même au lancement du portail http://www.auto-edition.com, en 2001, l'auto-édition restait assimilé au compte d'auteur.

Durant ces deux décennies, le rôle des médias dans la littérature fut catastrophique. On peut naturellement remarquer ces journalistes qui encensent les publications des éditeurs chez lesquels ils publient. Ces professionnels de l'information furent d'un silence aussi assourdissant quand j'ai reçu une assignation devant le Tribunal de Grande Instance de Paris, 17eme chambre, celle de la presse, par une société pratiquant le compte d'auteur, qui aurait souhaité me faire condamner à lui verser 360 000 euros, un « préjudice » prétendu, lié à mes écrits sur le compte d'auteur. Cette société fut « naturellement » déboutée et elle propose toujours ses services. Même pas une ligne dans leurs torchons à la conclusion de cette affaire. Durant ces deux décennies, je n'ai pas œuvré à l'élaboration d'un carnet d'adresse.

Mon état d'esprit en 2011 : vendre le moins cher possible afin de vendre le plus possible et vivre de mes livres en supprimant au maximum les intermédiaires.

Mon état d'esprit en 2013 : je comprends le suicide Jack-Alain Léger mais il a eu tort et sa plus grande erreur fut de continuer à travailler et souhaiter être reconnu par des gens dont il dénonçait mœurs, coutumes et mesquinerie. Je vous conseille "*Ma vie (titre provisoire)*" Extraits :

« *J'ai su alors ce que peut nourrir de haine à l'endroit d'un écrivain uniquement écrivain la pègre des gens de lettres dont Balzac a si exactement dépeint les mœurs dans* Illusions perdues, *mœurs qui n'ont pas changé, si ce n'est en pire : vénalité, futilité, servilité.*
J'avais perdu mes dernières illusions sur ce milieu dont les pratiques ressemblent tant à celles du Milieu : parasitages de la production, chantages à la protection, intimidations, etc. Publication de livres que l'éditeur juge médiocres ou invendables mais qu'il surpaie à des auteurs disposant d'un pouvoir quelconque dans les médias... (...) Fabrication par des nègres et des plagiaires d'une fausse littérature qui, comme la mauvaise monnaie, chasse la bonne... Calomnies et passages à tabac pour les rares francs-tireurs. « *Nous avons les moyens de vous faire taire définitivement !* » *me dit, sans rire, un critique, par ailleurs employé d'une maison d'édition et juré de plusieurs prix littéraires auquel j'ai eu le malheur de déplaire. Je n'étais d'aucune coterie, détestant ces douteuses solidarités fondées sur des affinités sexuelles, politiques ou alcooliques, voir une simple promiscuité au marbre d'un journal ou à la table ovale d'un comité de lecture ; j'étais puni. On me faisait payer cher de n'avoir jamais eu de* « *parrain* ». »

« *Hé bien ! La guerre continue, la guerre pour trouver ce minimum de paix nécessaire, un éditeur, un contrat, de quoi tenir encore quelques mois. J'en suis là.* »

Signer un contrat, empocher un à-valoir, si modeste soit-il, écrire sur commande tout et n'importe quoi. Face aux auteurs en grandes difficultés quotidiennes, les éditeurs apparaissent comme des mastodontes financiers. Dix pages plus tôt, l'auteur notait « *où se situe la ligne de partage entre le compromis acceptable et l'inadmissible compromission ?* »

Texte récent, issu du *dernier guide de l'auto-édition numérique.*

IV) La charte de qualité de l'auteur indépendant

Il n'est même pas besoin d'exhiber quelques textes inutiles auto-édités pour dénigrer l'auto-édition, pratique accusée de mettre sur le marché les pires médiocrités agrémentées des fautes les plus élémentaires d'orthographe ou grammaire, parfois même avec un style d'élève en difficulté du CM1.

Il s'avère néanmoins sûrement exact que les livres vraiment auto-édités dans une démarche professionnelle (mon exclusion de "l'auto-édition réelle" des auteurs qui ne respectent pas un minimum la littérature a toujours dérangé les prétendues belles âmes du secteur pour qui « tout est littérature ») contiennent en moyenne plus de fautes que les livres des éditeurs "traditionnels".
Il ne s'agit pas forcément d'une question de qualité des auteurs mais de moyens. Même le passage par les correcteurs et correctrices professionnels ne permet pas de présenter des œuvres sans erreurs, qu'avant on appelait d'imprimerie. Mais depuis que l'imprimeur reprend un document PDF pour lancer l'impression, les éditeurs qui utilisent encore cet argument semblent miser sur la méconnaissance du grand public.
Monsieur Antoine Gallimard n'a pourtant pas de leçons de qualité à nous donner : la communauté des pirates du livre numérique s'était amusée à corriger l'ebook d'Alexi Jenni, *l'art français de la guerre*, prix Goncourt 2011. Après l'hypothèse de l'utilisation du document PDF imprimeur, mouliné par un logiciel de reconnaissance graphique pour fabriquer la version numérique, des lecteurs de la version papier ont informé le web que ces coquilles se trouvaient également dans leur épais bouquin.

La faculté de corriger rapidement sur l'ensemble du circuit de distribution un ebook constitue un avantage dont la portée ne semble guère avoir été analysée. Dans cette optique, j'ai décidé de récompenser les lectrices et lecteurs qui ne se contentent pas d'une moue de déception face aux erreurs mais les communiquent, en leur offrant un livre de leur choix du catalogue, trois formats disponibles (epub, pdf, amazon). Pas de papier offert ! Seule restriction, pour une question de taille des fichiers et vitesse de connexion à Internet d'un écrivain vivant à la campagne, ne pourront être envoyés que des ebooks dont la taille n'excédera pas cinq mégas, ce qui exclut les livres de photos (sauf ceux dont le PDF reste juste en dessous de la limite possible).

Naturellement, il ne vous faut pas réclamer ce livre ni envoyer les fautes constatées (réelles ! et non les choix comme mettre au pluriel un terme habituellement invariable ou reprendre une lettre d'un personnage dont les fautes d'orthographe constituent justement une caractéristique, ou même une libre violation des temps conseillés de conjugaison !) sur la plateforme d'achat mais à la page contact de www.ecrivain.pro en spécifiant votre date et heure d'achat, le nom du site d'achat, et le livre de votre choix, qui vous sera envoyé par mail après vérification des informations transmises.
Pour éviter "les difficultés" du genre envoi d'une erreur rectifiée depuis longtemps, je pense préférable de vous demander d'envoyer les erreurs sous huit jours après l'achat du livre numérique. Pour les envois après ce "délai" seules les fautes qui n'auraient pas encore été corrigées seront validées.

Fautes réelles découvertes (sous huit jours après l'achat) : un livre offert, l'engagement qualité de l'auto-édition.

Cette offre s'étend à l'ensemble de mon catalogue.

La couverture

Un des piliers de l'église Saint Géraud, de Monsempron-Libos, dans le Lot-et-Garonne, près de Fumel (http://www.fumel.info) Un édifice en partie du onzième siècle, classé aux Monuments Historique en 1848.

Stéphane Ternoise... un peu plus d'informations

http://www.ecrivain.pro essaye d'être complet, avec un "blog" (je préfère l'expression "une partie des chroniques"). Mais il ne peut naturellement pas copier coller l'ensemble des textes présentés ailleurs.

http://www.romancier.net

http://www.dramaturge.net

http://www.essayiste.net

http://www.lotois.fr

Les noms de ces sites me semblent explicites...
Le graphisme reste rudimentaire. Tant de choses à faire...

http://www.salondulivre.net le prix littéraire a lancé sa onzième édition. Une réussite d'indépendance. Mais peu visible...

L'ensemble des livres numériques ont vocation à devenir disponibles en papier et réciproquement. Il convient donc de parler de livre au sens fondamental du terme : le contenu, l'œuvre. En juillet 2013, le catalogue numérique de Stéphane Ternoise dépasse la barre naguère inimaginable de la centaine. Il est constitué de romans, pièces de théâtre, essais mais également de photos, qu'elles soient d'art (notion vague) ou documentaires (présentation de lieux, Cahors, Cajarc, Montcuq, Beauregard, Golfech...), publications pour lesquelles l'investissement en papier est impossible, sauf à recourir à l'impression à la demande.

Stéphane Ternoise est né en 1968. Il publie depuis 1991. Il est depuis le premier jour éditeur indépendant.

15 de ses livres sont disponibles en papier dos carré collé via un « tirage en grande quantité » (2500 maximum)

La Révolution Numérique, le roman, le combat, les photos, 2013

Théâtre pour femmes, 2010

Ils ne sont pas intervenus (le livre des conséquences), roman, 2009

Théâtre peut-être complet, théâtre, 2008

Global 2006, romans, théâtre, 2007

Chansons trop éloignées des normes industrielles et autres Ternoise-non-autorisé, 2006

Théâtre de Ternoise et autres textes déterminés, 2005

La Faute à Souchon ?, roman, 2004

Amour - État du sentiment et perspectives, essai, 2003

Vive le Sud ! (Et la chanson... Et l'Amour...), théâtre, 2002

Chansons d'avant l'an 2000, 120 textes, 1999

Liberté, j'ignorais tant de Toi, roman, 1998

Assedic Blues, Bureaucrate ou Quelques centaines de francs par mois, essai, 1997

Arthur et Autres Aventures, nouvelles, 1992

Éternelle Tendresse, poésie, 1991

D'autres livres disponibles en papier ou pixels.
http://www.livrepapier.com http://www.livrepixels.com

Catalogue numérique :

Romans : (http://www.romancier.net)
Ils ne sont pas intervenus (le livre des conséquences) également en version numérique sous le titre Peut-être un roman autobiographique
La Faute à Souchon ? également en version numérique sous le titre Le roman du show-biz et de la sagesse (Même les dolmens se brisent)
Liberté, j'ignorais tant de Toi également en version numérique sous le titre Libertés d'avant l'an 2000)
Viré, viré, viré, même viré du Rmi
Quand les familles sans toit sont entrées dans les maisons fermées
Ebook : trois romans pour le prix d'un livre de poche

Théâtre : (http://www.theatre.wf)
Théâtre peut-être complet
La baguette magique et les philosophes
Quatre ou cinq femmes attendent la star
Avant les élections présidentielles
Les secrets de maître Pierre, notaire de campagne
Deux sœurs et un contrôle fiscal
Ça magouille aux assurances
Pourquoi est-il venu ?
Amour, sud et chansons
Blaise Pascal serait webmaster
Aventures d'écrivains régionaux
Trois femmes et un amour
La fille aux 200 doudous et autres pièces de théâtre pour enfants
Théâtre pour femmes
Pièces de théâtre pour 8 femmes
Onze femmes et la star
Ebook pas cher : 15 pièces du théâtre contemporain
pour le prix d'un livre de poche

Photos : (http://www.france.wf)
Montcuq, le village lotois
Cahors, des pierres et des hommes. Photos et commentaires
Limogne-en-Quercy Calvignac la route des dolmens et gariottes
Saint-Cirq-Lapopie, le plus beau village de France ?

Saillac village du Lot
Limogne-en-Quercy cinq monuments historiques cinq dolmens
Beauregard, Dolmens Gariottes Château de Marsa et autres merveilles lotoises
Villeneuve-sur-Lot, des monuments historiques, un salon du livre... - Photos, histoires et opinions
Henri Martin du musée Henri-Martin de Cahors - Avec visite de Labastide-du-Vert et Saint-Cirq-Lapopie sur les traces du peintre
L'église romane de Rouillac à Montcuq et sa voisine oubliée, à découvrir - Les fresques de Rouillac, Touffailles et Saint-Félix

Livres d'artiste (http://www.quercy.pro)
Quercy : l'harmonie du hasard - Livre d'artiste 100% numérique

Essais : (http://www.essayiste.net)
Le manifeste de l'auto-édition - Manifeste politico-littéraire pour la reconnaissance des écrivains indépendants et une saine concurrence entre les différentes formes d'édition
Le livre numérique, fils de l'auto-édition
Écrivains, réveillez-vous ? - La loi 2012-287 du 1er mars 2012 et autres somnifères
Aurélie Filippetti, Antoine Gallimard et les subventions contre l'auto-édition - Les coulisses de l'édition française révélées aux lectrices, lecteurs et jeunes écrivains
Le guide de l'auto-édition numérique en France
(Publier et vendre des ebooks en autopublication)
Réponses à monsieur Frédéric Beigbeder au sujet du Livre Numérique (Écrivains= moutons tondus ?)
Comment devenir écrivain ? Être écrivain ?
(Écrire est-ce un vrai métier ? Une vocation ? Quelle formation ?...)
Amour - état du sentiment et perspectives
Ebook de l'Amour
Copie privée, droit de prêt en bibliothèque : vous payez, nous ne touchons pas un centime - Quand la France organise la marginalisation des écrivains indépendants

Chansons : (http://www.parolier.info)
Chansons trop éloignées des normes industrielles
Chansons vertes et autres textes engagés

68 chansons d'Amour - Textes de chansons
Chansons d'avant l'an 2000
Parodies de chansons (De Renaud à Cabrel En passant par Cloclo et Jacques Brel)

En chti : (http://www.chti.es)
Canchons et cafougnettes (Ternoise chti)
Elle tiote aux deux chints doudous (théâtre)

Politique : (http://www.commentaire.info)
Ce François Hollande qui peut encore gagner le 6 mai 2012 ne le mérite pas (Un Parti Socialiste non réformé au pays du quinquennat déplorable de Nicolas Sarkozy)
Nicolas Sarkozy : sketchs et Parodies de chansons
Bernadette et Jacques Chirac vus du Lot - Chansons théâtre textes lotois
Affaire Ségolène Royal - Olivier Falorni Ce qu'il faut en retenir pour l'Histoire - Un écrivain engagé, un observateur indépendant
François Fillon, persuadé qu'il aurait battu François Hollande en 2012, qu'il le battra en 2017 (?)

Notre vie (http://www.morts.info)
La trahison des morts : les concessions à perpétuité discrètement récupérées - Cahors, à l'ombre des remparts médiévaux, les vieux morts doivent laisser la place aux jeunes...
Cahors : Adèle et Marie Borie contre Jean-Marc Vayssouze-Faure - Appel à une mobilisation locale et nationale pour sauver les sœurs Borie...

Jeux de société
(http://www.lejeudespistescyclables.com)
La France des pistes cyclables - Fabriquer un jeu de société pour enfants de 8 à 108 ans

Autres :
La disparition du père Noël et autres contes
J'écris aussi des sketchs
Vive les poules municipales... et les poulets municipaux - Réduire le volume des déchets alimentaires et manger des œufs de qualité

Œuvres traduites :

La fille aux 200 doudous :
- *The Teddy (Bear) Whisperer* (Kate-Marie Glover) - Das Mädchen mit den 200 Schmusetieren (Jeanne Meurtin)

- Le lion l'autruche et le renard :
- How the fox got his cunning (Kate-Marie Glover)

- Mertilou prépare l'été :
- The Blackbird's Secret (Kate-Marie Glover)

- *La fille aux 200 doudous et autres pièces de théâtre pour enfants (les 6 pièces)*
- La niña de los 200 peluches y otras obras de teatro para niños (María del Carmen Pulido Cortijo)

Catalogue complet des ebooks de Stéphane Ternoise sur http://www.ecrivain.in ou sur les plateformes qui le distribuent.

Les romans (http://www.romancier.org)

Le Roman de la Révolution Numérique

2013. Un roman toujours invisible, absent des chroniques littéraires, car comme le résume Alain Beuve-Méry, « *Tout dépend de la maison d'édition dans laquelle vous êtes édité, et du travail fait en amont par les attachés de presse auprès des journalistes et des jurés littéraires.* » Il fut sous-titré "Hors Goncourt 2013." Car l'auteur connaît le système ! C'est d'ailleurs cette France de l'édition le décor principal, avec Kader Terns, le premier "auteur" français ayant annoncé « *j'ai vendu 10 000 ebooks sur Amazon.fr* ». Après son "incroyable succès", le petit caïd du 9-3 était descendu dans le Lot pour m'y rencontrer. Je devais rédiger ses mémoires, statut peu glorieux du nègre. Il faut bien bouffer !

Ils ne sont pas intervenus (le livre des conséquences)

Le cinquième roman, aussi le plus personnel, avec quelques clés de l'enfance...
La lutte contre le déterminisme familial et social...

C'est sous le titre *Peut-être un roman autobiographique* que ce texte a trouvé un véritable public en numérique, surtout sur Amazon.

Viré, viré, viré, même viré du Rmi !

Un court roman, social, librement inspiré de ma période rmiste, avec même quelques documents officiels du système administratif français.

Quand les familles sans toit sont entrées dans les maisons fermées

Roman se déroulant dans le sud-ouest de la France, où de nombreuses résidences secondaires sont "revitalisées" par des jeunes sans toit. Roman social mais aussi une histoire d'Amour, avec la mystérieuse Séverine, venue d'un pays de l'Est en croyant posséder un visa d'étudiante mais tombée dans une filière...

La faute à Souchon ?

Le roman le plus commenté. Même une lettre recommandée de l'avocat de Francis Cabrel et Richard Seff...
Que vivre quand, à vingt-cinq ans, *la vie professionnelle* devient invivable ? L'Amour ? Du passé... et pourtant quand aux *rencontres d'Astaffort*, apparaît Marjorie... Astaffort ? Reflet de la variété, réussite marketing de Francis Cabrel ou chance pour les créateurs ?... Et Alain Souchon, omniprésent, ou presque, symbole d'une époque...

Libertés d'avant l'an 2000 (version 1 : Liberté, j'ignorais tant de Toi)

Un roman pour comprendre une époque. Où même les mots perdent leur sens. Une époque où seuls les installés pouvaient agir mais ne le souhaitaient pas, préféraient profiter des avantages en essayant de les transmettre à leurs enfants.

Table

9	**A - Informations "de base"**	
9	I) Protéger une œuvre	
12	II) L'édition d'une œuvre écrite : trouver un éditeur ou être éditeur	
14	III) Pourquoi être aussi éditeur ?	
16	IV) La composition d'un livre	
19	V) Avant l'édition... demande ISBN	
23	VI) Le statut de l'auteur éditeur... livres papier ou numérique	
24	VII) Subventions ?	
25	VIII) Le choix d'un imprimeur... "impression de masse"	
27	IX) URSSAF	
29	X) Affiliation SIRENE	
30	XI) SECURITE SOCIALE	
31	XII) TVA	
32	XIII) Dépôt légal livres en papier	
36	XIV) Edition numérique : le dépôt légal	
38	XV) IMPOTS	
39	XVI) La vente	
41	XVII) Edition numérique : publier sur les plateformes d'autopublication ou faire distribuer ses ebooks ?	
43	**B - Createspace (impression à la demande) et vente sur Amazon mondial**	
43	I) Choisir Createspace	

	46	II) CreateSpace connexion :
	49	III) Le numéro EIN
	55	IV) Fournir les éléments indispensables à l'impression des livres par createspace
	56	V) Créer un titre
65		**C - Comprendre le monde de l'édition**
	66	I) L'impasse de la concentration de l'édition en France
	72	II) Qui sont les grands patrons ?
	75	III) Les droits d'auteurs chez les "éditeurs du SNE"
	77	IV) Expliquer…
	78	V) Soyons l'offre légale et attractive...
	79	VI) Un combat
	80	VII) Le livre numérique en France aujourd'hui
	84	VIII) Etude sur le livre numérique réalisée par le Bief
	86	IX) Les installés, subventionnés... à déboulonner
	111	X) Le Conseil permanent des écrivains
	112	XI) Quand CPE et SNE négocient...
115		**D - Trouver sa place dans l'auto-édition**
	116	I) Il me faut vendre combien d'ebooks pour en vivre ?
	118	II) Noyés dans l'océan des écrits sans intérêt...
	119	III) Passer par un distributeur ou utiliser les "plateformes d'auto-édition" ?

- 123   IV) Les livres numériques s'achètent déjà... et de plus en plus
- 125   V) Un portail équitable pour le livre numérique ?
- 127   VI) De bonnes raisons d'éviter les éditeurs, même 100% numériques !
- 128   VII) Comment être lu reste la question essentielle
- 130   VIII) Les écrivains seront les perdants ?
- 137   IX) Ni Marc-Édouard Nabe ni Maurice G. Dantec
- 140   X) Si vous pensez pouvoir vendre du livre en papier... Produisez-en !
- 141   XI) Des explications du numérique peu crédibles...
- 142   XII) Une époque merveilleuse pour les écrivains mais...

143   E - Questions techniques et pratiques sur le livre numérique

- 144   I) Le format des livres électroniques
- 146   II) Comment lire le livre électronique ?
- 151   III) Créer des fichiers
- 154   IV) Astuces...
- 155   V) Faut-il « protéger » les ebooks par des DRM ?
- 156   VI) Le prix du livre numérique...
- 158   VII) Le contenu des livres... photos, livre d'art
- 159   VIII) Mettre en forme un livre...

160 IX) Le conseil qualité ISO Ternoise 2013

161 X) Le problème technique absent de ce livre

162 XI) Les fautes d'orthographe à l'heure du numérique

163 F - Promouvoir ses livres, méfiez-vous des solutions miracles...

164 I) En France également des auteurs gagneront à la « grande loterie » des plateformes numériques...

169 II) Où vendre ? Quelles plateformes numériques triompheront ?

173 III) La promotion « classique »

175 IV) Durant votre promotion...

176 V) Face aux arguments des installés…

178 VI) Les réseaux sociaux

180 VII) Payer pour figurer parmi les meilleures ventes donc être visible ?

183 VIII) La guerre des commentaires contre l'auto-édition

189 G - La distribution des livres, papier et numérique

190 I) La distribution des livres en papier

193 II) Les edistributeurs… (Numilog et Immateriel)

201 H - Des parlementaires, des élus contre l'auto-édition !

202 I) Instructive histoire de la TVA réduite sur le livre numérique

203 II) Le prix unique du livre numérique : une loi à connaître pour ne pas l'appliquer si on le souhaite !

215	III) L'argent de "la copie privée", l'auto-éditeur n'y a pas droit
218	IV) Rémunération au titre du prêt en bibliothèque... mais pas pour les livres auto-édités

221 I - Textes "historiques"

221	I) Faire soi-même : la réponse
224	II) En vivre
225	III) Mon propre rôle
228	IV) La charte de qualité de l'auteur indépendant

230	La couverture
231	Auteur

Éphémères stalactites lotoises

Comme un écrivain indépendant

Mentions légales

Tous droits de traduction, de reproduction, d'utilisation, d'interprétation et d'adaptation réservés pour tous pays, pour toutes planètes, pour tous univers.

Site officiel : http://www.ecrivain.pro

Présentation des livres essentiels :
http://www.utopie.pro

Papier ou pixels ?
http://www.livrepixels.com
http://www.livrepapier.com

Auto-édition : http://www.auto-edition.com

Dépôt légal à la publication au format ebook du 13 novembre 2013.

Imprimé par CreateSpace, An Amazon.com Company pour le compte de l'auteur-éditeur indépendant.
livrepapier.com

ISBN 978-2-36541-470-8
EAN 9782365414708

Le guide de l'auto-édition, papier et numérique de Stéphane Ternoise - Ebook
© Jean-Luc PETIT - BP 17 - 46800 Montcuq
13 novembre 2013.

www.ingramcontent.com/pod-product-compliance
Lightning Source LLC
Chambersburg PA
CBHW072042160426
43197CB00014B/2591